crônicas de pai

Leo Aversa

crônicas de pai

intrínseca

Copyright © 2021 by Leo Aversa

PREPARAÇÃO
Milena Vargas

REVISÃO
Mariana Bard
Thayná Pessanha

PROJETO GRÁFICO E ARTE DE CAPA
Aline Ribeiro | alineribeiro.pt

DIAGRAMAÇÃO
Julio Moreira | Equatorium Design

ILUSTRAÇÕES
Poeticamente Flor | @poeticamenteflor

CIP-BRASIL. CATALOGAÇÃO NA PUBLICAÇÃO
SINDICATO NACIONAL DOS EDITORES DE LIVROS, RJ

A957c

    Aversa, Leo
    Crônicas de pai / Leo Aversa. - 1. ed. - Rio de Janeiro : Intrínseca, 2021.
    352 p. ; 18 cm.

    ISBN 978-65-5560-267-8
    1. Crônicas brasileiras. I. Título.

21-71041
                           CDD: 869.8
                           CDU: 82-94(81)

Leandra Felix da Cruz Candido - Bibliotecária - CRB-7/6135

[2021]
Todos os direitos desta edição reservados à
Editora Intrínseca Ltda.
Rua Marquês de São Vicente, 99, 3º andar
22451-041 Gávea
Rio de Janeiro – RJ
Tel./Fax: (21) 3206-7400
www.intrinseca.com.br

Que este livro sirva para que o Martín de amanhã
não esqueça o Martín de ontem.

Sumário

Apresentação,
por Adriana Calcanhotto

Fui conhecendo Leo Aversa aos poucos. Primeiro como o crédito em fotos incríveis no jornal, mais tarde pelas suas crônicas no mesmo *O Globo*, entremeadas por nossos encontros para sessões de fotos, no começo para matérias no Segundo Caderno. Daí comecei a ser fotografada por ele para algumas revistas e, a meu convite, para ensaios de divulgação. Assim nos tornamos amigos, embora muita gente ache, e com razão, que nunca mais falei com ele desde que afogamos um violão caríssimo no mar de São Conrado por uma bela foto. Ao contrário, naquela tarde de mar agitado quando tomei um caldo feio com o violão cheio d'água e por isso pesando tonelada e meia, nossa relação ficou mais cúmplice.

O humor do Leo fotógrafo transforma uma sessão de fotos com uma cantora tímida que não sabe pra onde olhar numa tarde de gargalhadas de doer a barriga. Fora isso, tirou fotos antológicas dos meus ídolos, o que o coloca num lugar muito especial no meu coração. Mas ele, a respeito dessas fotos de gente grande, diz que apenas assumiu o posto de flanelinha da música popular brasileira, porque, diante de Paulinho da Viola, Marisa Monte ou Chico Buarque, o que ele tem para dizer é: "Um pouquinho mais pra direita, parou, parou, aí!! Agora pra esquerda, levanta o queixo, foi demais, desfaz, desfaz, aí, aí! Click. Lindo!"

Só que lindo mesmo é ver como ele se transforma, concentrado, o olho brilhando, acompanhando a luz com um jeito de quem a domina, mas sabe que ela não será a mesma nem por dois minutos inteiros. Algumas vezes me fotografou com buracos gigantes no peito que só eu via e sentia, inchada de chorar, com dor de cabeça, com dor de cotovelo, enlutada, perplexa com o Brasil, e o que ele captou foi sempre a face de uma pessoa olhando pra câmera e só. Nunca mostrou os buracos e as tristezas que, imagino — com nossos anos de amizade —, ele também viu na minha cara, mas, generoso e amigo, deixou de fora das imagens, pelo que sou gratíssima.

Agora leitora assídua das suas crônicas afiadas no jornal, descobri mais um talento poderoso do escritor, dos mais raros, que é a capacidade de emocionar. Lendo as crônicas em que ele é um ex-herói para o filho com o Mal da pré-adolescência e quase um ex-filho para o pai com Alzheimer, chorei diversas vezes. A reunião dessas crônicas torna o conjunto muito mais denso e muito mais revelador do grande cronista que ele é, porque no jornal lemos as crônicas junto a assuntos bem menos interessantes, como o fascínio do Brasil, em pleno século XXI, por combustíveis fósseis, a página que já foi de política e agora é a nova página policial, as crianças negras do Brasil sendo dizimadas por "balas perdidas" em manchetes diárias. De modo que dá um nó na garganta quando no jornal Leo se pergunta quanto tempo vai levar pra que o pai se esqueça definitivamente de quem é ou de quem foi. Aqui, nesta reunião de textos, em que ele é pai de jogador de futebol, filho, amigo, marido, cidadão observador da cidade e inimigo das convenções pequeno-burguesas, dá pra vislumbrar a estirpe de homem que ele é e isso comove.

A crônica é um gênero brasileiro cujos maiores representantes alargaram a forma, como Machado de Assis, Clarice Lispector e Rubem Braga. Pra mim, Leo está nessa lista, porque a crônica, como a crítica, é escrita para embrulhar o peixe de amanhã, precisa ser efêmera. No caso do Leo, como no de Santo Antônio, os peixes e os textos convivem na memória. O jornal vai e a crônica fica.

Não é possível passar batido por um pai sarcástico que se assusta com o sarcasmo do filho, a gente fica querendo botar o cronista no colo e dizer "pronto, pronto, passou, passou". Cronista que, aliás, nasceu como cronista ao ouvir na infância o pai lendo para ele o jornal da época com textos de Carlos Drummond de Andrade, João Saldanha e Carlos Eduardo Novaes. Penso então que a crônica seja pra ele um exercício de afeto.

E assim, talvez, neste momento, alguém esteja lendo este livro para um filho ou uma filha, e a crônica brasileira estará seguindo seu caminho de texto brasileiro, único, jornalístico, fotográfico. Click. Lindo!

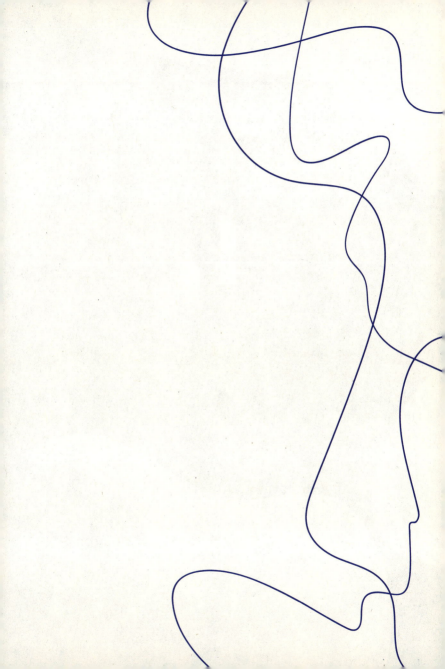

1.

E agora?

Cinco da manhã, começam as contrações: e agora? A partir deste momento tenho que zelar para que tudo dê certo, é o papel de coadjuvante esforçado que me cabe. Dirijo com todo o cuidado, pergunto a cada cinco segundos se está tudo bem, preencho atentamente as guias na recepção da maternidade. Estou na maternidade! O obstetra fala comigo com aquela tranquilidade sob medida para acalmar pais surtados: Tudo bem? É o seu primeiro filho? Sim. Ele está relaxado. Se para mim é o dia mais importante da vida, para ele é apenas mais um. Eu pensando que o mundo devia parar para este momento fundamental da história humana, ele comentando a chuva de ontem.

Começo a roer as unhas do pé, as da mão já foram embora na entrada. O pior é que as paranoias, minhas fiéis companheiras, tomam conta da situação: o anestesista parece displicente, a enfermeira tem uma cara estranha. O que estão fazendo? Será que sabem algo que eu não sei e estão escondendo? Terá surgido algum problema sério? E se acabar a luz? E se houver uma invasão alienígena? Aquilo que passou pela janela foi um meteoro?

Nasceu.

As lágrimas correm por alguns minutos, mas logo perdem a vez para as eternas maluquices. Preciso conferir se está tudo no lugar: dois braços, duas pernas, uma cabeça. Até aí tudo bem. Cinco dedos na mão, cinco dedos na outra, nos pés também. Ufa! Peraí, aonde é que a enfermeira com cara estranha tá levando o meu filho? O anestesista não vai fazer nada?

Aparecem na cabeça todas aquelas reportagens do *Fantástico* das décadas de setenta e oitenta, em que bebês eram trocados, sequestrados e vendidos em um piscar dos olhos dos pais na maternidade. Qualquer desatenção pode ser fatal. As paranoias continuam firmes no controle.

Quando chego no berçário, alívio: o bebê parece o mesmo que estava na sala de parto. Recomeço a contagem, vai que... Dois braços, duas pernas, uma cabeça, dez dedos nas mãos...

O momento feliz do pai e da mãe com filho recém-nascido dura pouco. Agora é preciso aguentar a procissão de parentes e amigos pelo quarto. Os primeiros são os avós, irmãos, primos. Até aí tudo bem, mas logo começam a aparecer os parentes distantes, os desconhecidos, os desocupados. É uma invasão bárbara que, em vez de esquartejar membros e cortar cabeças, empurra dicas pediátricas e conselhos de vida. O quarto da maternidade se torna um happy hour. Mais uma vez viro coadjuvante, e agora nem sequer esforçado. Respondo a tudo com um sorriso amarelo e um hum-hum. Não faz diferença.

Chega a hora do protagonismo do pai, o único momento em que ele faz algo importante por conta própria: registrar o filho.

Saio atrasado da maternidade e chego ao cartório na hora em que está fechando. Sou o último da fila. A escrivã parece de saco cheio. É com M no final, ela diz sem paciência. O dele é com N e acento no I, acrescento. Ela faz um muxoxo e resmunga que está errado. Respondo que é por um motivo especial: quero o nome mais bonito, explico. Tanto faz, ela diz, ainda resmungando, sem entender a citação. Se para ela tanto faz, para mim é o momento mais importante da vida.

Ele tem dois braços, duas pernas, uma cabeça. Cinco dedos na mão direita, cinco na esquerda, cinco em um pé, cinco no outro. Um nome também, está registrado.

Martín.

2.

A jornada do pai

No começo você é como um daqueles funcionários que trabalham guiados mais pela obrigação do que pelo resultado. O pai não é pai desde o início. Vai se tornando pai aos poucos.

Parece um sacrilégio.

Foi o que eu achei quando um amigo me explicou a teoria. Minha mulher ainda estava grávida e ouvi — horrorizado — a heresia. Como assim!? Ele explicou: "Você fica ali na retaguarda, providenciando as refeições, o transporte para o pediatra, a temperatura certa no carro, a mantinha de madrugada, tudo no esquema, pra que não falte nada. Mas, no começo, é tudo entre o bebê e a mãe... Só com o passar dos meses é que você vai se chegando, pegando mais no colo, sentindo como é."

Deixei de lado a polêmica e segui em frente.

Como dizia um antigo anúncio da PanAm: Nada supera a experiência.

Os primeiros dias são da mãe: você até pega no colo, nina um pouco, mas o bebê só quer saber da mãe e vice-versa. É algo lindo de se ver. Mas isso não quer dizer que o pai fique de boas, sem nada para fazer, vendo seriado da Netflix e comendo pipoca no sofá. Ele vai lá registrar, corre atrás do anestesista, administra a conta da maternidade, vai comprar fraldas e mais fraldas, dirige o carro para o pediatra, se encarrega da logística da casa, procura aquele remédio que só tem numa farmácia longe. Pouco a pouco as coisas vão se acalmando, a mãe precisa descansar e é o pai que tem que ninar o bebê para dormir.

Então aquela obrigação inicial, aquela paranoia de ter tudo sob controle e de não faltar nada vai se tornando algo mais afetuoso e físico. Aquilo que era mais uma responsabilidade se transforma numa alegria, no melhor momento do dia, do ano, da vida. A existência, tantas vezes reduzida ao cotidiano, passa a ter um sentido maior. Não desses que vendem nos livros de autoajuda ou que recomendam os coaches picaretas. Um sentido de vida.

Sem sacrilégios e sem heresias, você está se tornando pai.

3.

Morando na casa da sogra

Quando volto do trabalho, já escuto as vozes ao sair do elevador. Quem serão essas pessoas na minha casa? Abro a porta e dou de cara com uma festa animadíssima, todo mundo bebendo, conversando e, principalmente, dando pitaco. Muitos pitacos. Milhares de pitacos. Pitacos a dar com o pau. Desde dicas para o banho do bebê até detalhes da vida sexual pós-parto. Me vejo frente a frente com uma prima da colega da tia, que nunca vi antes. Isso por si só já seria um pesadelo nesse momento de forçada intimidade com estranhos, mas tem mais, ela está dando conselhos sobre como manter a chama acesa. Quando diz "manter a chama acesa", ela fica piscando, caso eu não tenha entendido a sutileza. As dicas só são interrompidas por três outras desconhecidas, que resolvem mudar os móveis da sala, porque o bebê, que nasceu semana passada, precisa, segundo elas, de mais espaço para correr e jogar bola. O trabalho só é interrompido por um casal que se diz especialista em feng shui. O bate-boca entre os cinco não acaba nem por causa do choro do bebê, que dirá pela minha cara de desespero.

O pai de um recém-nascido é um satélite da sua própria vida.

Se por um lado existe a alegria sem tamanho pela chegada do filho, por outro é preciso aturar o caos, também em escala universal, em que se transforma o até ontem tranquilo lar. A vontade que se tem é de voltar ao trabalho o mais rápido possível, apenas para fugir do pandemônio. É um instinto egoísta, já que a mãe não pode fazer o mesmo. É preciso ser solidário e racional, repito para mim mesmo a cada cinco minutos, para não cair em tentação.

O armário, onde descansavam camisas e calças, é tomado por fraldas, essas muito úteis, e centenas de roupinhas, acessórios e gadgets capazes de abastecer uma creche inteira por uma década. Roupinhas e mais roupinhas, todas em tamanho giga, para o futuro e para entulhar o armário, o que acontecer primeiro.

E, claro, as camisetinhas de time, que são outro *must* nesse momento de confusão. As mulheres que aparecem com roupinhas aos menos são criativas, já os homens são monotemáticos, cada um com uma micro-camisa do próprio time.

O problema não é a falta de imaginação, é que a cada camisetinha de time que recebo sou obrigado a ouvir vinte minutos de intermináveis piadas de tiozão que fazem não muito finas correlações entre sexualida-de e escolha de times de futebol.

A epopeia só termina quando o tédio ganha da no-vidade. A manada de parentes migra para outro nas-cimento, um batizado, um casamento, uma festa de quinze anos.

A casa volta a ser o meu lar. Ou melhor, o lar do Martín.

4.

O começo do fim

—Achei que tinha estacionado aqui... Onde está o carro?

No começo pensamos que era só mais uma distração, coisas da idade chegando. Quem nunca perdeu o carro no estacionamento de um shopping? Ou esqueceu onde estão as chaves? Mas, pouco a pouco, os esquecimentos foram se acumulando: o carro, as chaves, a carteira, a senha do cartão. No dia a dia, os lapsos se tornaram rotina.

Meu pai é artista plástico, vivia no ateliê pintando, então não percebemos como estava a situação até começarem as mudanças nos seus quadros. As imagens foram ficando mais sombrias, as composições, diferentes, os próprios desenhos que ele fazia para se distrair foram se transformando.

Ele sempre foi um pouco esquecido, mas os lapsos de memória deixaram de ser algo folclórico, um estilo de vida. As distrações foram ficando mais graves.

Quando fomos ao neurologista, já desconfiávamos do que era. O diagnóstico de Mal de Alzheimer não foi uma surpresa.

No começo, a gente tenta uma lógica própria que não se adapta à realidade. É um misto de ingenuidade com esperança. Basta anotar para não esquecer, pensamos. Parece lógico, mas o problema é que em pouco tempo a pessoa já não se lembra de anotar, e, se lembra, logo esquece por que anotou. Em pouco tempo, a falta de memória vai se espalhando. Primeiro são os parentes distantes que vão desaparecendo: Quem é esse na foto? E esse aqui, ao seu lado? Logo o esquecimento vai chegando perto, cada vez mais perto. A gente sabe que é uma questão de tempo.

Até quando ele vai se lembrar da esposa, dos filhos? Ou dele mesmo? De quem é, de quem foi?

Quantos anos ainda temos? O médico não sabe dizer ao certo: dois, cinco, dez. E até quando ele vai se lembrar de quem é? Ninguém sabe, responde ele, com a expressão de quem já ouviu a pergunta milhões de vezes e também por milhões de vezes não encontrou a resposta.

Quando o Martín era bem pequeno, ele brincava comigo de tapar os meus olhos e perguntar: Onde está o Martín? Eu dizia que não sabia. Aí ele tirava a mão, eu sorria ao vê-lo e ele gritava, feliz: Tô aqui!

Uma vez ele tirou a mão e eu, de brincadeira, não disse nada, apenas olhei para um lado, para outro e disse: Ué, o Martín sumiu... Ele ficou tão desesperado que começou a chorar.

É esse desespero e essa vontade de chorar que eu sinto.

5.

Na cadência da rua

O sinal da rua Humaitá, em frente aos Correios, é daqueles que demoram horas para fechar e segundos para abrir. É nele que estou parado com o Martín, a caminho da escola, junto à pequena multidão que espera para atravessar. Na calçada em frente, na outra multidão, tem um homem de boina, calça branca impecável e camisa colorida. É um sujeito alto, de bigode, a cara do Ibrahim Ferrer, do Buena Vista Social Club. Ibrahim é cubano, mas o homem do outro lado da rua não poderia ser mais carioca.

O 409 vai passando, e o homem da boina dá um assovio. O motorista ouve, acena e grita em carioquês castiço:

— Fala aí, mermão! Se adianta que o guarda tá de olho.

O policial está chegando com a caneta na mão. O ônibus não pode esperar muito, já passou do ponto. O homem está agoniado com a demora para o sinal fechar. Com boa vontade, o motorista diminui a marcha. Tem mais solidariedade nesse gesto do que em todos os abaixo-assinados das redes sociais. O mundo anda digital, mas a humanidade é analógica. São quatro pistas entre o Ibrahim Ferrer do Humaitá e o 409.

O herói vai à luta.

Na primeira faixa o trânsito é intenso, carros a toda. Automóveis não são solidários, não é da natureza deles, mas o nosso Ferrer do Humaitá tem ginga,

ginga carioca. Ele é um mestre-sala e os veículos são as porta-bandeiras. Gira em torno de uma van, faz que vai, mas não vai, dá a volta num fusca hipster e salta para a segunda faixa. O Imperial diria dez, nota dez. Na falta do Imperial, a pequena multidão toma o poder e decreta: é nota máxima.

Agora vem carro, vem táxi, vem Uber distraído consultando o aplicativo, vem motoboy vidaloka falando no celular, vem playboy acelerando no retão. Basta um movimento errado do homem da boina para ele acabar no chão. Ele sabe que não adianta rolar feito o Neymar, asfalto não é grama e o VAR dele vai ser lá no IML. O homem não cai e muito menos desmorona. É um craque raiz.

O que se vê na terceira faixa, a mais difícil, é uma mistura de balé, capoeira e videogame, como se o Baryshnikov estivesse dançando dentro de um Play-Station, ao som do berimbau. O Ferrer agora é artista, encara um desafio que tem tudo para dar errado, mas dá certo. Nada mais carioca.

Falta só uma pista.

As dez, vinte pessoas esperando no sinal estão hipnotizadas pelo homem da boina. "O melhor da vida é off-line" está escrito no anúncio estampado na janela do 409. O que não falta na rua é mensagem.

Um caminhão da Brahma que vem pela quarta faixa percebe a situação e segura a onda. O artista-craque agradece a gentileza e chega ao outro lado.

Mas a jornada do herói ainda não terminou.

Falta correr até o ônibus, que mesmo devagar já se afastou, está quase na agência do Bradesco. Agora Ferrer é também Neymar. Dá um pique de cinquenta metros e, em vez de tocar para o gol, pula para dentro, com a calça branca ainda impecável. Ele chegou lá.

Há comemoração na calçada. A pequena multidão está em festa. Martín, fascinado, teve a lição do dia antes de chegar na escola.

Civilidade e obediência às regras: zero.

Empatia e malandragem: dez, nota dez.

Média cinco.

Passa.

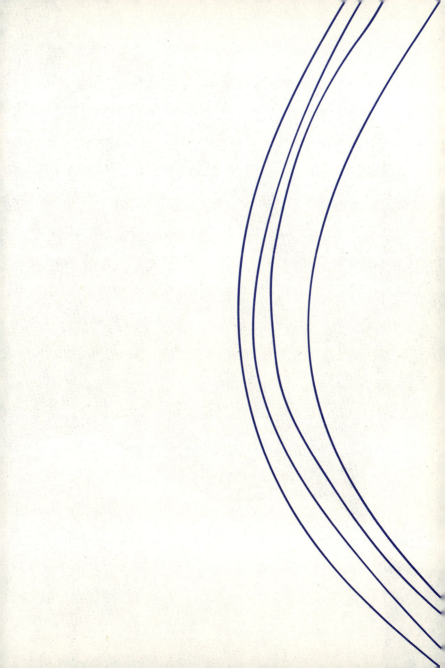

6.

Sempre teremos Paris

A viagem dos solteiros — ou de casados sem filhos — é sempre uma festa: jogar meia dúzia de roupas numa mala pequena, pegar um táxi meia hora antes do voo, sair correndo pelo aeroporto, tentar embarcar e... conseguir! Daí em diante é mais festa: passeios despreocupados, aventuras radicais, museus de arte, restaurantes badalados ou até ler um livro a tarde toda na espreguiçadeira de uma praia tão deserta quanto paradisíaca. Sem falar nas baladas à noite, dormir com o dia nascendo, acordar meio-dia e quase perder o voo de volta, mas, mais uma vez, conseguir embarcar.

Bons tempos.

Mas aí nasce seu filho e o mundo se torna um sem-fim de alegrias. E se tem algo que cansa muito, mas muito mesmo, é alegria.

No meio do cansaço mortal da rotina, você pensa: "Preciso de férias, as férias vão me salvar desse dia a dia matador." O conceito dessas férias é o do primeiro parágrafo, as férias sem filhos. Com filhos, a acepção da palavra muda radicalmente.

Começa pelo destino: criança pequena tem hora pra almoçar, hora pra jantar, hora pra dormir, hora pra acor-

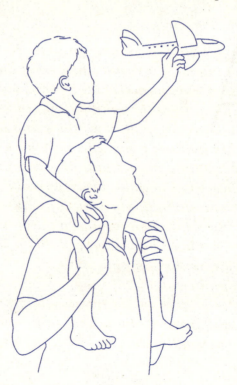

dar e, o principal, não tem hora pra ficar quieta. Então aquele café em Viena, aquele museu em Paris, aquela praia tranquila no sul da Bahia, onde você vai colocar a leitura em dia, melhor esquecer. O seu destino agora é outro.

Você, que se considerava quase um James Bond do turismo, um Indiana Jones das viagens, tão sofisticado quanto aventureiro, finalmente entende o porquê do hotel-fazenda, do resort, da Disney. É uma epifania, por assim dizer. Você, que passou toda a juventude maldizendo aqueles hotéis com tudo incluído, aquelas praias com recreadores e axé no último volume, de repente passa a ver tudo com outros olhos. Os olhos dos filhos.

Aquele animador que você achava um mala sem alça é quem vai te proporcionar uma horinha de descanso na piscina. Tudo incluído agora significa que você não vai se preocupar com o almoço ao meio-dia, o lanche às quatro, o jantar às sete e o Nescau às nove. Sem falar que o axé no último volume — e as danças correlatas — também ajuda a distrair os pequenos.

E assim, de maneira voluntária, sem nenhuma coação, você trocou o bistrozinho no Marais pela montanha-russa na Disney. Tudo bem, não se preocupe, quando o Júnior for para a faculdade, você volta.

O bistrozinho fecha tarde.

7.

No mar do Fellini

Na mesa, uma menina de seis ou sete anos com o pai, um homem de meia-idade, de terno e gravata. A menina ainda almoçando e ele, um pouco impaciente, querendo ir embora.

Nessa hora, meio-dia, o Fellini é uma confraria da terceira idade. Todos os velhinhos do Leblon de outros tempos se reúnem para almoçar, formando um mar de cabelos brancos. Parecem todos amigos. Hoje, no meio daquele oceano, estávamos eu e, duas mesas à minha frente, o pai e a filha.

De repente o pai, já sem paciência, fala de maneira mais ríspida e a menina começa a chorar. Entre lágrimas, diz que quer a sobremesa que ele prometeu. O pai responde que não dá, estão atrasados para a escola, precisam ir. Não se pode chegar atrasado.

As lágrimas comovem a todos em volta. O mar de cabelos brancos está revolto.

Há um impasse: o pai não cede, a menina não para de chorar. Ele quer, com a melhor das intenções que um pai pode ter, dar limite e responsabilidade à filha. Ela, uma criança, não consegue entender por que não tem direito à sobremesa, se comeu toda a salada e também o feijão.

Os dois têm razão.

A confraria se entreolha. Sinto a cumplicidade no ar.

Duas senhorinhas, sentadas perto da saída, se levantam e vão lentamente em direção ao pai e à filha. Uma usa uma bengala. É ela que abraça a menina. Abraça de verdade, com força. Diz que tudo vai ficar bem, que o pai só quer o melhor para sua família.

A menina para de chorar. A outra fala com ele, diz que criança é assim mesmo, precisa ter paciência, muita paciência, todas dão trabalho. O pai parece ceder. Por que vocês dois não vão tomar um sorvete depois da aula? Ele percebe a deixa, faz a proposta, a menina concorda e sorri. Vão embora.

As senhorinhas voltam, lentamente, para a mesa. O mar branco está sereno outra vez.

Quando saio, passo pela mesa delas. Sorrio e comento que não é fácil. Elas sorriem de volta e me explicam que também não é difícil.

Já tenho alguns cabelos brancos, mas ainda são poucos.

8.

O peixe Jedi

A garça acompanhava atentamente o debate:

— Precisa deixar a vara tranquila, ficar calmo, tipo Obi-Wan Kenobi, senão os peixes se assustam.

A minha opinião até parecia sensata, mas a verdade é que em toda a vida não consegui pescar nem um sapato velho.

— Nada disso, tá errado, tem que balançar rápido, pro peixe notar a isca. Ficar ligado, tipo Luke Skywalker.

Martín também nunca fisgou nada na vida, nem em pescaria de festa junina ele se dá bem. A única coisa que domina é o sarcasmo com as referências culturais do pai. Éramos dois ignorantes inventando regras sobre o que não sabíamos. Se estivéssemos em Brasília, o presidente já teria nos transformado em ministros de alguma coisa. Porém, estávamos em Penedo, para o casamento do Jards Macalé. A pousada tinha um lago, e Martín encontrou uma vara de pesca e um pote cheio de iscas na beira. O que pode dar errado numa pescaria?

A discussão entre mexer a vara ou deixá-la tranquila continuou esquentando. Quando já estávamos no dedo na cara e no te pego lá fora, a vara tremeu.

Fisgamos alguma coisa.

Puxa de lá, puxa de cá, engata uma ré, vai um pouco pra frente e pronto, lá estava o peixe no anzol.

Assim que viu o bicho se debatendo, Martín gritou:

— Papai, ele tá morrendo!

A frase me pegou de surpresa. Mesmo sem entender nada de pesca, esta parte me parecia bastante clara: o peixe morre no final. Será que esqueci de contar pro meu filho?

— Ele tá morrendo! Faz alguma coisa!

O desespero do Martín fez com que eu me sentisse um vilão, tipo Darth Vader. Precisava resolver a situação de alguma forma. Se para mim pescar já é algo complicado, imaginem pegar um peixe vivo e tirar o anzol da boca dele.

A garça, malandra, foi se aproximando.

Desde o início, a astuta ave sabia que isso ia acontecer. A evolução fez com que ela aprendesse a reconhecer um pai desastrado e seu filho ingênuo pescando pela primeira vez. O roteiro deve ter se repetido centenas de vezes na sua frente: o filho fica chocado com o peixe morrendo, o pai atolado não consegue salvar o peixe, o peixe acaba caindo no chão. Almoço grátis para a astuta, paciente e evoluída garça.

Quando eu conseguia pegar o peixe, o anzol escapava e vice-versa. O Martín ali, aterrorizado. Aconteceu então o que a garça imaginava desde o começo: o peixe caiu no chão.

Ela foi pra cima.

O meu chute foi rápido e preciso, tipo cavaleiro Jedi. O peixe voou e caiu no lago. Martín vibrou: "Salvamos o peixe!" Não entendi o plural, mas em todo caso deu certo: nenhum trauma no menino, dinheiro do psicólogo poupado.

Quando estávamos voltando para o quarto, o drama recomeçou.

— Papai, deixamos a garça com fome.

Mais uma vez, sou pego de surpresa. Na minha época, ninguém dava atenção para peixe, garça ou lago, a gente tratava a natureza como capacho, não é à toa que o planeta está como está. Mas parece que isso está mudando e preciso me adaptar aos novos tempos. Voltamos para alimentar a ave com as iscas que sobraram.

Agora é a garça que é pega de surpresa. A evolução é muito veloz, deve ter pensado.

Explico para o Martín que fomos sábios ao salvar o peixe e usar a isca para alimentar a garça. O menino faz uma cara muito séria, séria até demais, e pergunta:

— Tipo mestre Yoda?

O sarcasmo dele é mais veloz que a evolução.

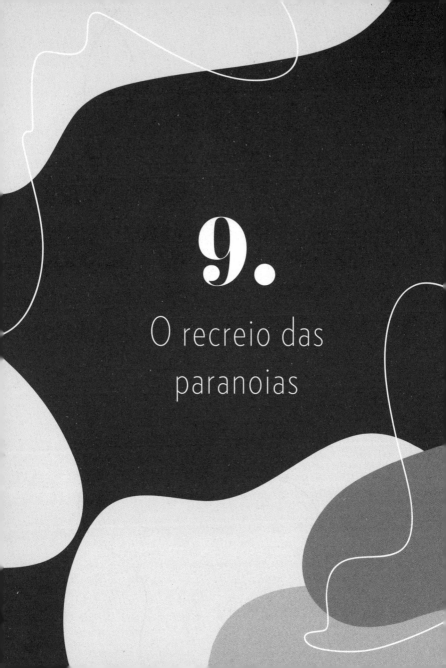

9.

O recreio das paranoias

O passeio começou às mil maravilhas, dia de sol, pai e filho no parque. Vou empurrando o carrinho sem nenhuma preocupação, mostrando passarinhos, árvores, borboletas... Até que, paranoico incorrigível, me ocorre uma questão: E se eu tiver um enfarte aqui e agora?

Nunca tive nenhum problema cardíaco, o colesterol está em dia e minha pressão mantém o 12x8 como um relógio suíço, mas bastou aventar a possibilidade para começarem as palpitações e a falta de ar. Como toda paranoia hipocondríaca, ela corre como rastilho de pólvora: Se eu empacoto aqui, como fica o Martín? Imediatamente começo a olhar para os lados para ver se há alguém com cara confiável para ouvir as minhas últimas palavras e levar o menino para casa.

Aquela senhorinha dando migalhas aos passarinhos? Hummm, sei não, pode ser uma agente disfarçada do Estado Islâmico, essa gente é muito matreira, alicia pessoas insuspeitas para facilitar o trabalho. Ela enviaria o meu filho para o front na Síria sem pensar duas vezes. O rapaz certinho com mangas abotoadas? Cara de fanático. Será de alguma seita? Meu filho vai acabar numa comunidade de psicopatas, tecendo loas ao grande líder. O jardineiro cuidando das plantas? Miliciano disfarçado. Óbvio. O único com cara confiável é o morador de rua, que ao menos conheço há tempos.

Pronto, resolvido o problema.

Por menos de trinta segundos.

E se eu tiver um piriri? Onde eu deixo o Martín enquanto alivio as forças da natureza? Outro drama médico-paranoico-existencial. Por cinco minutos, a senhorinha do Estado Islâmico pode ser confiável, uma vez que não teria tempo de aplicar uma lavagem cerebral, mas o piriri tem regras próprias, não respeita espaço, muito menos tempo. O rapaz certinho é mais perigoso, em cinco minutos pode dizer alguma coisa que fascine a mente jovem de Martín pela sua seita de fanáticos... Hummm... O jardineiro/miliciano em cinco minutos venderia os órgãos do pobre menino para três países diferentes e ainda por cima não o entregaria a ninguém. Mais uma vez o morador de rua é o vencedor. Mais um problema imaginário resolvido.

Continuo o passeio, agora ressabiado, indo devagar pra não ter um enfarte e sem comer nada pra não ter piriri. Um relax só. Até que o Martín se cansa e pede pra ir embora. Ufa! Escapei dessa vez.

Ao ir embora, dou um bom dinheiro para o morador de rua.

Nunca se sabe o dia de amanhã.

10.
Um café

O primeiro café em que entrei na vida foi o que meu pai frequentava. Ficava numa esquina e tinha um salão com várias mesas, as do meio ocupadas por pessoas conversando, as das janelas, por quem estava sozinho. Muita gente ia lá só para ler o jornal. De vez em quando, olhavam pra fora para conferir se o que estava escrito estava mesmo acontecendo. Conversavam sobre futebol ou política, dependendo se era época de campeonato ou de eleição. Quase todos fumavam. Os garçons eram elegantes, a maioria de cabelo branco, conheciam os clientes pelo sobrenome, que também sabiam o deles. Não havia cardápios, nem precisava. Acho que estava naquela esquina desde sempre, toda em madeira e ferro, louça simples e branca, talheres ásperos de tão gastos. No verão, meia dúzia de ventiladores cansados espalhava o mormaço, no inverno apenas fechavam as janelas. Como era criança, eu achava aquilo uma espécie de museu, recheado de dinossauros. Uma velharia sem fim. Naquele tempo, o mundo não era feito para crianças.

Um dia, surgiu o primeiro fast-food na cidade. Para mim, que tinha uns oito ou nove anos, foi como se Papai Noel chegasse tocando guitarra elétrica. Tudo novo, multicolorido e em alta definição. O cardápio finalmente estava lá, exposto nas paredes, com grandes fotos, e ainda tinha um palhaço como símbolo. Era um pedaço da Disney perto da minha casa, uma epifania infantil. Precisava tirar o meu pai daquele museu sombrio que ele habitava e levá-lo aos novos tempos. Tanto insisti, tanto perturbei, que ele acabou cedendo. Fomos os dois rumo à modernidade.

Já no primeiro momento ele ficou espantado com tantas cores, com tanto plástico. Depois sentou com dificuldade na cadeira, que era presa à mesa, que por sua vez era presa ao chão. Ficou esperando o inexistente garçom. Fiquei morrendo de vergonha daquele fóssil que nem sequer sabia como funcionava o restaurante mais legal do mundo. Expliquei, impaciente, que tínhamos que pegar a comida lá no balcão, ali ninguém servia nada. No futuro tudo seria assim, eu exultava, me sentindo um visionário. Meu pai foi atrás de um café pingado. Todos os atendentes se entreolharam espantados com o pedido misterioso. Não tinha no cardápio, o palhaço não gostava de café, isso era coisa de antigamente. Meu constrangimento não acabava nunca.

Convenci o dinossauro a ficar só no hambúrguer e refrigerante. Ele cedeu mais uma vez. Ficou na mesa olhando aquela profusão de caixinhas de isopor, copos de papel, talheres de plástico e finalmente perguntou se eu estava gostando. A resposta era óbvia.

Recentemente fomos a um shopping. Na saída, ele quis parar num café. O mais próximo era um de uma rede americana, provavelmente prima daquela do fast-food do palhaço. Os mesmos códigos, a mesma apresentação, só que em cores diferentes. Uma versão Las Vegas daquele café da esquina, o de antigamente.

Ficamos ali, cercados de lojas e ar-condicionado, olhando os utensílios descartáveis e os saquinhos de adoçantes. O público concentrado em celulares e laptops, o silêncio do wi-fi só cortado pelo funcionário do balcão convocando os clientes em voz alta. Fulano! Beltrano! Sicrano! E lá iam eles, orgulhosos, receber os seus copos de papelão com tampa de plástico.

Meu pai olhou para mim e viu — como só os pais conseguem — o que se passava na minha cabeça. Viu a memória do nó impecável na gravata do garçom, da fumaça dos cigarros filtrando a luz do sol, dos cubos de açúcar, das conversas.

Nem precisou perguntar — mais uma vez — se eu estava gostando. A resposta era óbvia.

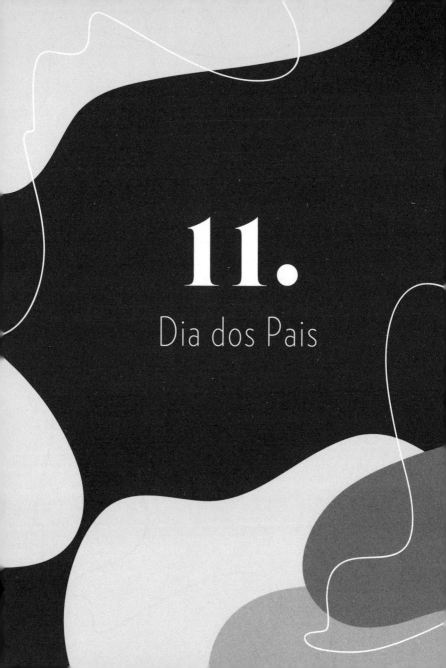

11.
Dia dos Pais

cabava a aula e íamos correndo para o portão de saída. A confusão que se formava era bem assustadora para uma criança pequena, que só enxergava as pernas dos adultos. As coisas só ficavam bem quando eu o encontrava, acenando e sorrindo, no meio da multidão. Ele me dava um abraço e na volta para casa ouvia as angústias da escola: as questões de matemática, o valentão da outra turma, não conseguir bater uma falta no ângulo. Todos os problemas ficavam pequenos quando ele segurava na minha mão.

A escola virou colégio, o colégio, faculdade, e o herói da minha infância foi se tornando uma pessoa normal, com vários defeitos. Um pouco ultrapassado, as ideias antiquadas, talvez acomodado. Comecei a achar que no seu lugar eu teria ido mais longe, teria ousado mais, teria feito coisas mais incríveis. Comigo seria diferente, muito melhor. Aos vinte anos você é o seu próprio herói.

Há alguns anos, um pouco depois do meu filho nascer, ele começou a ter problemas de memória. Achei que não era nada demais, coisas da idade, afinal sempre tinha sido um pouco esquecido. Não. Eram os primeiros sinais de Alzheimer.

No próximo domingo, Dia dos Pais, Martín completa sete anos. O tempo de entender como a vida muda com filhos. As escolhas, as mudanças de rumo, os sacrifícios que você faz, com toda a alegria, para que aquele menino ou menina tenha tudo que for necessá-

rio para ir em frente. Foi então que consegui entender o seu caminho, o que deixou para trás, as coisas das quais ele abriu mão e, agora, é claro, por que fez isso. Como se pede desculpas para alguém que não lembra o que aconteceu?

Há algumas semanas, fomos ao teatro. Apesar de ficar cada vez mais confuso com o que não reconhece mais, ele ainda gosta de sair. O Alzheimer vai desligando as lâmpadas da casa, uma a uma, e não se pode fazer nada, só assistir e tentar aproveitar a luz que resta. Nesse dia do teatro ele estava muito feliz, como sempre fica quando estamos juntos. Fui pegar os convites e o deixei na entrada, esperando. Quando voltei, não estava mais. Fiquei assustado, igual ao tempo da escola, com medo de tê-lo perdido. Procurei por todos os lados, era uma estreia, começou a bater um desespero.

Eu o encontrei acenando e sorrindo, no meio da multidão.

12.

Rock'n'Roll Will Never Die

The Who vai tocar mês que vem no Brasil! Nós vamos!

— The What?

— The Who! O verdadeiro rock! Rock'n'Roll Will Never Die!

Senti na hora que a frase me tornou oficialmente velho.

— Não quero ver essa porcaria. Quero ver o show do Gato Galactico.

Gato Galactico. Youtuber. Fala sobre games. Dez milhões de seguidores, entre eles o Martín. Assisto a um vídeo dele. A indigência chega a comover.

— Essa porcaria de Galactico nem música é! Vem aqui, vou te mostrar o que é o The Who.

Teeeeeeeeenageeeeeeeeeeeewaaaaaaaastelaaaaand It's only a teeeeeeeenageeeeeee waaaaaaaasteland

Ele demonstra um tédio profundo. Quando começo a cantar junto, o tédio dá lugar à vergonha quase abissal. A mesma que eu sentia quando era criança e meu pai cantarolava Sinatra. O menino não faz ideia do que é a boa música. Não tem pai?

Explico, mostro, toco. Nada. Vai ter que ir no show pela orelha mesmo. O menino refuga.

— O Mussoumano é melhor que esse tal de Who.

Herege. Meu filho é um herege. Cadê o meu crucifixo? Alguém tem o contato de um padre? Quem será o Mussoumano?

Procuro por Mussoumano no Google. É um rapper. Youtuber, é claro. Três milhões de seguidores. Nem preciso dizer quem está entre eles.

Assistindo a trinta segundos de Mussoumano, fica evidente, ao menos para mim, que o rapaz tem sérios problemas e que precisa de ajuda profissional.

Penso naquele discurso do Caetano, de 1967: "Então é essa juventude que quer tomar o poder?" Lembrar essa frase também me torna oficialmente velho. É a segunda vez em quinze minutos. Mais uma e vou pedir música no *Fantástico*. Quem sabe uma do Sinatra?

Preciso mostrar autoridade paterna.

— Tá decidido. Mês que vem você vai comigo.

— Nem amarrado! Não quero saber dessa música de velho! Vou no show do Mussoumano e, se você não me levar, vou sozinho! Ouviu? Vou no show sozinho!

Aos sete anos, Martín está oficialmente rebelde. Rock'n'Roll Will Never Die.

13.

Rock in Rio

Fui sozinho para a multidão, mas entre as centenas de fãs dos Guns N' Roses tinha muita gente como eu: cabelos brancos chegando, óculos para a vista cansada e na expectativa de um encontro com o The Who esperado há décadas.

Hora de olhar para o palco lá na frente e de lembrar algo lá atrás.

Final dos anos setenta. Um amigo pegou o *Who's Next* e colocou no toca-discos. Depois daquele som da agulha entrando no vinil, começou a tocar "Baba O'Riley". Quando chegou a "Won't Get Fooled Again", última música, estávamos pulando, cantando e tocando uma guitarra imaginária.

Eu era um garoto, tinha dez anos e toda a vida pela frente.

O The Who passou por muita coisa nesse tempo: Keith Moon e John Entwistle se foram, a banda foi dada como morta, se separou, quase acabou e deu a volta por cima. De uma forma ou de outra, conseguiu chegar a 2017 naquele palco. E aquelas pessoas com cabelos brancos e vista cansada, perdidas entre as centenas de fãs de Guns N' Roses, também passaram por muita coisa, cada uma à sua maneira, e também, de uma forma ou de outra, conseguiram chegar a 2017 naquela plateia.

O espetáculo foi a celebração desse encontro da minha geração.

No final, quando Pete Townshend e Roger Daltrey emendaram "Baba O'Riley" com "Won't Get Fooled Again", eu vi, junto a eles, lá no palco, um garoto de dez anos pulando, cantando e tocando uma guitarra imaginária.

Com meus cabelos brancos e óculos para vista cansada, acenei para o garoto e ele acenou de volta. Ainda temos muita vida pela frente.

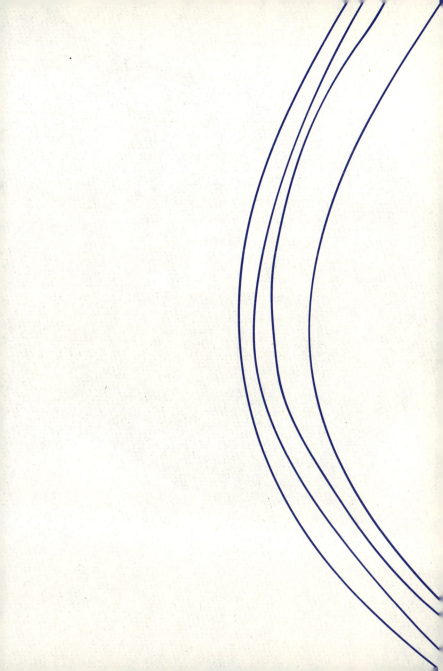

14.

Batalha nos ares

A cena parecia um comercial de margarina: a família reunida no sofá, comendo pipoca e rindo com uma comédia na TV. Do nada veio um farfalhar errático. Nem deu tempo de pausar o vídeo. Aterrissou bem na mesa de centro o meu maior medo na vida (depois dos comentários da minha mãe): uma barata voadora.

O comercial de margarina virou filme de terror.

Haters de Facebook, apóstolos de crossfit, operadores de telemarketing, tudo isso eu tiro de letra. Mas esse belzebu aéreo que aparece do nada e levanta voo de surpresa é demais para minha alma nerd — sou daqueles que passaram a infância jogando bola de gude no carpete e empinando pipa no ventilador.

A primeira a abandonar a sala foi a minha mulher. A barata voadora a faz esquecer o discurso feminista: o patriarcado obsoleto e opressor que se vire para resolver a confusão. Já o Martín se escondeu no banheiro e deixou só uma fresta na porta para assistir em segurança ao mico do pai.

Ao ver essa desgraça acontecendo é que se entende perfeitamente a expressão "barata voa". Ela não tem rumo, não tem sentido, seu único objetivo é implantar o caos, uma célula terrorista com asas e antenas. No meio da sala, tal qual o King Kong no alto do Empire State Building, fui dando tapas ao léu — com trocadilho — numa vã tentativa de me proteger. Quando ela deu uma trégua, saí correndo para a área, atrás do inseticida.

O problema é que, assim que recebe o primeiro jato de veneno, a barata fica doida de vez e ainda por cima é tomada por uma fúria vingativa. Seu voo, que já era caótico, ganha um quê de kamikaze. E, como todo mundo já viu nos filmes, quando o kamikaze vem pra cima, é cada um por si e o baratão contra todos. Me escondi atrás do sofá, rezando pro inseticida funcionar.

Foi uma longa agonia.

Quando finalmente ela desabou no chão, esperei uns dez minutos e, mesmo com a minha dignidade um tanto chamuscada, dei por vencido o combate. Peguei o cadáver da maldita pelas antenas e exibi como troféu de guerra.

Fui aplaudido pela família maravilhada. Finalmente a glória! E, como toda glória, efêmera: ainda na minha mão, a desgraçada voltou a se mexer. Dei um pulo digno do Nureyev.

A família, aquela do comercial de margarina, mais uma vez fugiu apavorada.

Foi nesse momento de desespero que me lembrei de um comentário da minha mãe quando me viu tentando matar uma barata com inseticida:

— Parece uma princesinha assustada. Barata se mata com jornal, inseticida é pros fracos. Você não cansa de passar vergonha?

O problema é que a minha assinatura é digital, e destruir um iPad caçando uma barata, mesmo sendo voadora, não ia deixar mamãe muito orgulhosa. Tudo bem que uma vergonha a mais ou a menos não ia fazer diferença no meu currículo, mas o que eu precisava mesmo era de um jornal vintage, de papel. Consegui um da semana passada na lixeira do vizinho.

Como toda mãe, a minha também tem razão sempre. Bastou uma jornalada para liquidar o satanás voador.

A comemoração foi mais discreta dessa vez. O bicho foi direto para a lixeira. De caixão lacrado, pra não ter surpresas.

No dia seguinte, contei a epopeia para a minha mãe. Ela me perguntou de quando era o jornal que usei. Quarta passada, respondi.

— Quarta? Sabia que essa sua coluna seria útil para alguma coisa.

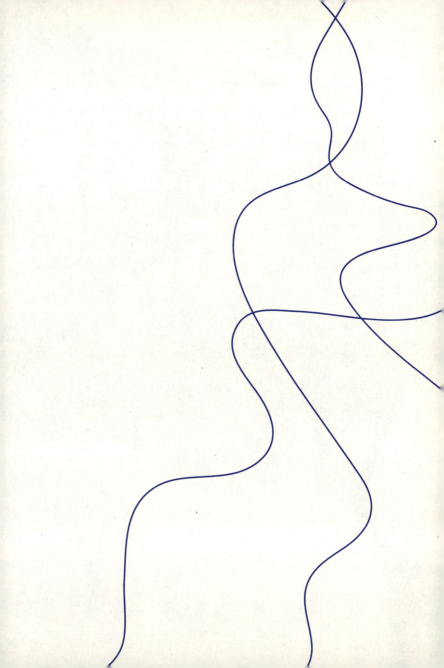

15.

Descobrindo o cinza
entre o preto e o branco

Hoje em dia, o segundo time de futebol dos meninos não fica em outro estado, como era no longínquo século passado. Agora o segundo time fica na Europa: Real Madrid, Barcelona, Manchester City, PSG, Juventus e por aí vai. Resultado da migração dos nossos craques para o hemisfério Norte.

Martín escolheu o Barcelona, algo natural para quem nasceu e cresceu durante a melhor fase do time catalão. E até aí, tudo bem também, até porque o Barça é mesmo um espetáculo. Mas o que é o futebol sem os rivais? Não basta torcer a favor, tem que secar, torcer contra os adversários. E quem é o principal adversário do Barcelona? O Real Madrid.

O time do Real virou vilão aqui em casa: Cristiano Ronaldo é um robozão que não chega aos pés do

Messi, Sergio Ramos é um selvagem desleal, Marcelo só ataca e esquece de defender, Benzema acerta uma e perde dez e por aí vai. Quando o jogo é Real Madrid contra Barcelona, então, o ódio toma conta do menino: tem que vencer de goleada e com humilhação.

Por coincidência, é o que se vive na política atual, mas deve ser apenas isso, coincidência.

Certo dia, numa ida ao shopping para assistir a um filme e depois jantar, uma surpresa: quem está parado esperando mesa no restaurante? Marcelo, o lateral-esquerdo da seleção brasileira. Também lateral-esquerdo de um outro time. Qual? O Real Madrid. Carioca, Marcelo, num intervalo do campeonato espanhol, veio visitar a família.

Martín fica paralisado: está ali, ao vivo, alguém que ele só conhecia da TV, do mundo virtual. Há um deslumbramento natural, todo mundo fica olhando. Mas, ao mesmo tempo, Marcelo pertence ao time adversário, logo, é um vilão. Martín não sabe o que fazer.

Percebo a oportunidade e digo: Vai lá, filho, pede um autógrafo. Ele é tricolor como você, começou a jogar nas Laranjeiras.

O fator Fluminense vence a timidez do menino.

Marcelo é muito simpático, o abraça, dá o autógrafo e ainda faz uma foto ao lado. Martín fica radiante.

Passa um tempo, o campeonato espanhol recomeça e tá passando um jogo do Real na TV. "Olha lá, filho, o Marcelo tá jogando." Normalmente, como torcedor fanático do Barcelona que é, ele estaria xingando o jogador e torcendo contra: não é o que acontece. Agora o menino está dividido. Como torcer contra alguém que foi tão legal, gente boa e que também é tricolor? Ao mesmo tempo, como torcer a favor do grande rival do Barcelona?

Dá pra ver a fumaça saindo da cabeça dele. Pela primeira vez, Martín percebe que entre o preto e o branco tem um monte de cinza. E aí?

— No próximo clássico, quero que o Barcelona ganhe de goleada, mas que o Marcelo faça um gol. Um só!

16.

Aula de música

á, pá, pá. Tum, tum, tum. Pa, pá, pá. Tum, tum, tum. A aula de música não saía desses dois sons. Na recepção, entediado, eu já pensava em colocar — discretamente — o fone e ouvir algo diferente daquela bateria monótona, mas achei que seria passar recibo de pai desleixado para a secretária da escola. Fiquei fingindo que prestava a devida atenção, que conseguia alcançar a sofisticação dos pás e a profundidade dos tuns, mas na minha cabeça estava achando que as aulas eram desperdício de dinheiro.

Vai ver o menino não é da música.

Não que o Martín não tenha ouvido musical, é que não havia interesse ou curiosidade. Não precisava ser um gênio para perceber que ele só estava ali por obrigação. Não era a primeira tentativa, ele já havia passado por aulas de introdução à música, com um resultado não muito diferente e a mesma variedade de sons.

Desde pequeno, demos atenção à educação musical do Martín. Quis fazer algo diferente dos meus pais, que entregaram a tarefa à rádio FM e aos LPs em oferta na loja. Fiz questão de apresentá-lo aos clássicos, ao jazz, à MPB. Ouviu Chico, Caetano, Milton, Paulinho desde bebê. Foi a ensaios de ópera e concertos no Municipal. Nada despertou muito interesse ou atenção. Pelo contrário, tudo ele achava meio chato, entediante.

Isso começou a me intrigar. Será que a música não é mais o que era antes? Será que, para a geração dele, essa do século XXI, já não importa tanto o que se ouve? Na minha adolescência, o gosto musical indicava seu lugar no mundo, ser da MPB ou do rock definia seus amigos, sua turma. Será que isso mudou?

Resolvi ouvir a parada de sucessos no streaming. As cinquenta mais tocadas. Faço isso de tempos em tempos, para saber o que está rolando por aí. Equivale, mais ou menos, ao que era ligar a FM no século passado. Por acaso o Martín estava comigo, fingindo pesquisar algo no Google, mas na verdade jogando qualquer coisa no tablet. A primeira música que tocou, ele cantou junto. A segunda também. Da terceira ele só sabia o refrão, mas na quarta já recuperou a toada. Foi assim até a décima oitava, quando se espantou:

— Ué!? Essa eu não conheço...

Quase caí para trás.

— Peraí! De onde veio esse súbito interesse? Quando você ouviu essas músicas?

— No TikTok, óbvio.

Talvez cair a ficha não seja a expressão mais adequada, já que fichas não caem desde o século passado. Talvez um "tá ligado" seja o correto. Mas como eu não ouvi nada esse tempo todo?

— É que eu uso o fone —, disse ele, despreocupado.

Até agora não sei se fico feliz porque ele tem o hábito de ouvir música ou triste porque o fato me passou totalmente despercebido. A resposta também deve estar no TikTok.

17.

A Copa do Mundo
é nossa

"Vamos comprar uma bola nova." Assim meus pais anunciaram a novidade. Eu só ganhava presentes no aniversário ou no Natal, o que era mais fruto da dureza do que um libelo anticonsumista. No entanto, aquele era um ano de Copa do Mundo, e eu tinha feito bonito nas provas da escola.

Fomos para a Casa Mattos da avenida Copacabana. A bola que estava em promoção tinha um escudo do Fluminense e, se estava longe de ser oficial, ao menos era abençoada pelo meu time. A turma a apelidou de Doval, tanto pelo eterno craque do Flu como por não ser exatamente redonda. Sua estreia foi na praça do bairro Peixoto, onde eu morava. No meu time estavam os meus vizinhos, Carlinhos, João e Miguel, mais os irmãos André e Luís, que moravam na rua Santa Clara.

No outro, a turma da Figueiredo Magalhães, de quem éramos fregueses. Jogo difícil, não saía do zero a zero, até que, quase no final, parti com a bola em direção ao gol adversário. Ia correndo e ao mesmo tempo narrando, de forma espetacular, a minha própria jogada: "dribla um, dribla dois, sensacional! Que talento! Vai driblar o terceiro!", a narração só era interrompida pelo som da torcida, que eu mesmo fazia, "uáááá, uáááá". Na minha cabeça, estava no final da Copa. Foi nesse transe que chutei. A bola parecia que ia para fora, mas, por conta da sua forma peculiar, começou a fazer uma curva estranha. Fez-se aquele silêncio que sempre antecede os grandes feitos. Entrou no ângulo. Gol. Vitória. Fizemos uma volta olímpica ao redor do chafariz, a Doval erguida como troféu.

Não me recordo bem de como foi aquela Copa, só me lembro das comemorações da nossa vitória, horas e horas rememorando cada detalhe, cada jogada, o gol. Uma alegria sem fim. Nos tornamos heróis na praça, nos garantiu o seu Manoel, o pipoqueiro, informação que era confirmada por nossas mães e pelos porteiros. Acreditem, não existe glória completa sem a aprovação da mãe e do porteiro. Doval não chegou até o fim do ano, morreu na boca de um cachorro mal-humorado e, provavelmente, rubro-

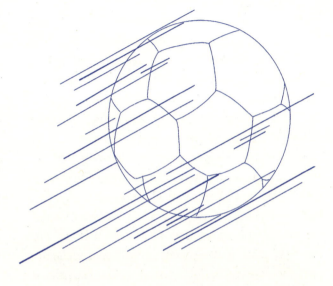

-negro. Nunca mais consegui fazer um gol daqueles. Isso foi há muuuuuito tempo, mas toda experiência ajuda no futuro.

"O senhor tem direito a um novo aparelho." O atendente da operadora me avisou que, por conta do meu perfil de consumo, receberia um celular grátis. Fui na loja e me deram o modelo mais sofisticado, que valia uma pequena fortuna. O funcionário, orgulhoso, me explicou todas as instruções, os aplicativos, as possibilidades. Nem era necessário, só se falava nesse telefone na TV, nos jornais e nas revistas. Como não ficar feliz possuindo essa maravilha da tecnologia e do design? Cheguei em casa com três mil reais da mais pura modernidade na palma da mão e, como brinde extra, ainda recebi um pedestal carregador, que permitia que o lustroso aparelho fosse admirado de todos os ângulos. Fiquei sentado no sofá observando aquele objeto, símbolo do meu progresso no mundo do consumo, esperando acontecer algo mágico, tentando encontrar alguma alegria naquele momento. Nem percebi o "uááááá, uááá" do Martín, que vinha a toda pelo corredor. Só ouvi o barulho do chute. A bola veio pelo alto feito um foguete, bateu no pedestal, mandou o aparelho para longe, quicou na mesa e entrou na porta da cozinha. Gol.

Fizemos a volta olímpica em torno da mesa de jantar, com cuidado para não pisar nos cacos do valioso celular.

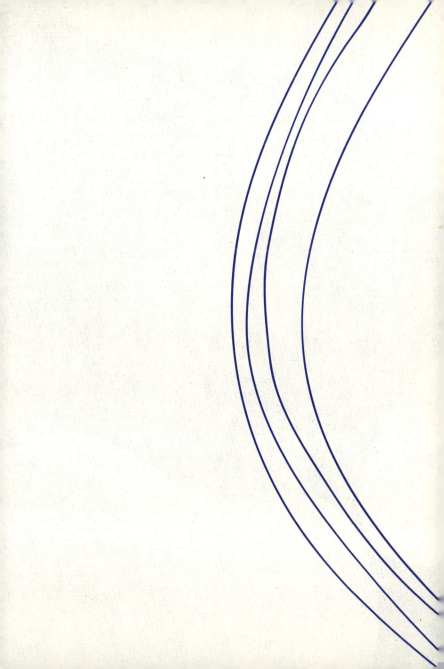

18.

Ainda o Natal

—Papai, o Dudu e a Sofia, lá da escola, disseram que o Papai Noel não existe. É mentira, né? Me ajuda a procurar no Google?

Lá vou eu para o computador, tentar desmentir o Dudu e a Sofia. Por sorte, sou prevenido e já tenho na memória um site de fake news que prova cientificamente a existência do bom velhinho. Também corrobora o ET de Varginha e o saci-pererê, mas não precisamos entrar nessa parte, ao menos agora.

Este ano foi complicado para todos, e foi difícil manter a fé do Martín no Papai Noel. A toda hora tenho que buscar alguma explicação para o inexplicável: como consegue levar todos os presentes em um único trenó? E as cartinhas das crianças, ele lê sozinho? Todas elas? Quem é o dedo-duro que conta pra ele se me comportei bem ou mal?

Mesmo duvidando, ele montou a árvore com todo zelo e cuidado, cheia de enfeites e luzinhas. Até pediu ajuda com a escada, para colocar uma estrela lá no alto. Também mandou várias cartas iguais para o Polo Norte, só para garantir. Ele acredita no Papai Noel, mas não nos Correios.

Neste momento, está contando as horas que faltam para o Natal.

Como eu fiz quando tinha a idade dele, vai tentar ficar acordado a noite toda só para ver o Papai Noel entrar pela janela. Também vai pular da cama assim que abrir os olhos para ver o que ele deixou. Tem coisas que nunca mudam, quanto mais cedo a gente aceita, melhor.

Acho que este é o último Natal em que ele acredita. Ano que vem, Papai Noel já será um mico, derrota, coisa de pirralho. Quando for adolescente, como aconteceu comigo, vai começar a achar o bom velhinho um agente do capitalismo ou um funcionário decadente da Coca-Cola, até escondê-lo em algum canto da memória.

Os Natais da infância vão reaparecer em flashes ao longo da vida, iluminando os momentos escuros. A alegria da família reunida, a troca de presentes, os primos correndo pela casa cheia, a árvore com uma estrela lá no alto voltará por alguns instantes quando ele precisar de conforto.

E daqui a muito anos, quando o tempo for propício, uma criança vai trazer o Papai Noel de volta pro Martín, e também pro Dudu e pra Sofia.

Como trouxe para mim.

Então este Natal vai ser o do até logo pro bom velhinho.

Espero estar aqui quando ele voltar. O Martín já não vai precisar de mim para procurar algo no Google, mas quem sabe ainda consigo ajudar com a escada, para colocar aquela estrela de voltà ao seu lugar.

19.

O que deixamos no caminho

A discussão sobre onde almoçar começou cedo, não era nem meio-dia. Estávamos viajando pelo Sul havia três semanas e, naquele momento, saíamos do Uruguai e voltávamos ao Brasil. Tínhamos deixado o hotel cedo para passar o dia na estrada, numa tranquila e longa reta até Porto Alegre. Depois de muito tempo no carro, o cardápio de conversas estava cada vez mais reduzido: começava com promessas de viagens mais curtas, depois entrava no "onde vamos almoçar" e — finalmente — caía em um "falta muito?" interminável, aquele que todo mundo que viajou com filhos conhece bem.

Cansados de receber ordens de parar aqui e ali, meus pais avisaram que ainda não era hora de almoçar. Para obter um argumento mais consistente para minhas determinações, fui conferir no meu relógio novo se já era meio-dia. Ele não estava no pulso.

Tinha esquecido de manhã cedo no hotel.

O que fazer? Entramos numa espécie de transe. Para uma família de classe média no final dos anos setenta, um relógio ainda era um relógio, mesmo que fosse do Mickey. Um relógio não era um objeto à toa. Ao mesmo tempo, voltar ao hotel, a trezentos quilômetros de distância, era um grande transtorno, tanto de tempo como de disposição. Havia um cálculo a ser feito. Mais do que isso, uma questão existencial que precisava ser resolvida no acostamento daquela estrada deserta.

Ali, parados no meio do nada, meu irmão, meu pai e eu, os três homens, discutíamos, sem saber o que fazer. A minha mãe, alheia à confusão, decretou que não iríamos voltar. "Devemos continuar a viagem", disse, com convicção. Não sei o que entrou no cálculo dela, se foi a distância, o tempo, o valor do relógio ou apenas a importância de uma lição para uma criança muito distraída. Talvez nada disso. Talvez a experiência de vida de quem deixou países, parentes e destinos para trás e foi em frente. Talvez, simplesmente, a intuição feminina. Seguimos e, por ordem dela, sem falar mais do relógio esquecido, sem olhar para trás. Foi uma boa viagem.

É uma história comum, nada mais, que aconteceu há mais de quarenta anos. Desde então, venho fazendo meus próprios cálculos, resolvendo questões existenciais, tomando decisões. Às vezes é bem fácil, às vezes muito difícil: descobrir que algo não tem valor, saber a importância do tempo. O que vale voltar para buscar, o que não vai te deixar ir em frente. Sigo tentando chegar na sabedoria da minha mãe naquele dia, essa que se consegue em muitas e muitas curvas, mais do que numa tranquila e longa reta.

Alguém deve ter encontrado o relógio do Mickey naquele quarto de hotel e, como não fui buscar, lhe deu algum destino. Deve ter frequentado vários pulsos infantis e, certamente, foi várias vezes esquecido. Porém, em outras tantas, deve ter sido lembrado e até resgatado, como agora, na minha memória. O tempo nunca se perde.

Tenho sentido falta de viajar, pelo Sul, pelo Norte, por retas e curvas. Voltar ao Uruguai, ir a Porto Alegre, passear por estradas desertas no meio do nada, encontrar um lugar para parar. Lembro, nesta manhã em frente ao computador, que já não falta muito.

Hora de almoçar, avisa o meu filho, ao meio-dia. O tempo nunca se perde.

20.

O bom de cama

Na semana passada, eu estava no engarrafamento da Jardim Botânico e o caos se instalou no meu carro. Tinha no banco de trás uma criança do século XXI presa pelo cinto e sem nada para fazer. Quem tem sabe o tamanho da encrenca. Apelei pro rádio, que pro Martín é algo tão exótico como um gramofone. Ele ficou curioso por aquele aparelho sem touchscreen e conexão com a internet. Fui passando as estações, até que ele ouviu um funk.

— Deixa aí! Eu gosto desse.

Ahn?

"Essa novinha é terrorista, é especialista, olha o que ela faz no baile funk com as amigas."

Música dez, letra zero: média cinco, passa. Deixei o rádio tocar. Martín cantou junto. Onde será que o pilantrinha aprendeu isso? Quem ensinou? Você ouve Mozart e Chopin em casa e seu filho acaba sabendo de cor uma letra do MC Kevinho.

O importante é que a música, por assim dizer, acabou com a bagunça no carro, então o rádio continuou onde estava. Acabou o MC Kevinho e entrou o MC G15.

"Sou esse cara que você está vendo/ Sou problemático, um pouco ciumento/ Mas você sabe que sou foda na cama."

Mal terminei de assimilar esses sutis versos de poesia parnasiana, dignos de um Olavo Bilac, e já veio a pergunta:

— Papai, o que é "foda na cama"?

— Errrr... Foda na cama é... Errrr... Um adulto... Err... Um adulto que dorme muito bem... Errr... Que deita na cama e já pega no sono... Errr... E só acorda no dia seguinte.

Minha presença de espírito desativou a armadilha pedagógica. Respirei aliviado. Fiquei até me sentindo gênio por ter resolvido tão bem a arapuca.

O que eu tenho de genial mesmo é a ingenuidade.

Desde a semana passada, Martín já falou para todos os conhecidos — e alguns desconhecidos também — que o pai é muito "foda na cama".

As reações variaram entre gargalhadas sarcásticas, no caso da mãe dele, até o constrangimento pré-infarto, no caso da senhorinha do 804. Passando, é claro, por todos os níveis de vergonha alheia entre o mais diverso público. Todos ficam me olhando com aquela expressão de "seu pervertido!" e, quando explico que a culpa é do Kevinho e do G15, o olhar muda para "seu pervertido preconceituoso!".

E tem gente que reclama da Galinha Pintadinha...

21.

O amor em campo

Na escolinha de futebol rolava a algazarra de sempre, vinte crianças atrás da bola, na ilusão de ser o próximo Neymar. Em campo, alguns craques muito esforçados, e os novos e tímidos à deriva, tentando achar o seu lugar no jogo.

Pela arquibancada, o habitual grupo de babás conversando com animação e três ou quatro pais, eu entre eles, acompanhando as jogadas dos filhos. Para as babás os garotos não ligam, mas coitado do pai ou da mãe que estiver distraído durante um gol. A gente precisa prestar muita atenção nas crianças. Melhor esquecer a bicicleta do Pelé, a falta do Zico ou o gol de barriga do Renato, os únicos gols que os pais precisam ter na memória são os dos seus próprios filhos.

No canto do campo tem um homem que nunca vi no clube, com o olhar meio triste, parece um daqueles sujeitos que assistem ao jogo das crianças para se lembrar da própria infância, a nostalgia do que poderia ter sido, mas não foi. Tem também uma mulher diferente lá do outro lado, essa com a cara tensa, parece ser mãe de um dos jogadores. As mães sofrem ainda mais que os pais.

A partida segue na correria habitual, chutões para todo lado, um sofrido zero a zero. Em jogo de criança, todos pedem a bola e ninguém passa. No início elas acham que jogam sozinhas, mas cedo ou tarde acabam descobrindo que fazem parte de um time. Tem muito adulto que nunca entende isso, vive num eterno cada um por si.

Quase no final, o professor, que também é o juiz, marca um pênalti. Todos querem bater, é a bola do jogo. A criançada toda aos berros, pedindo para chutar. Para minha surpresa, um dos meninos mais tímidos também está lá gritando desesperado, quer bater de qualquer jeito. O professor não vê a situação do menino e dá a bola para um dos craques. O tímido vai chorando para a beira do campo. Está desolado. O professor finalmente percebe e o consola, diz que futebol é assim mesmo, sempre existe outra chance e o próximo pênalti é ele que vai bater. "Mas esse jogo vai acabar e eu quero fazer o gol", diz, soluçando, o garoto, enquanto olha triste para a arquibancada. O jogo continua, o craque chuta e faz o gol. Termina o jogo.

O professor-juiz olha em volta.

"Não valeu", diz, "eu não tinha apitado." O craque reclama, mas ele chama o menino tímido que estava chorando. "Vai lá, agora é a sua chance." O menino pega a bola nervoso, chuta torto, mas acerta. Gol. Ele comemora como se fosse a final da Copa do Mundo.

Agora, sim, acaba o jogo.

O menino tímido sai do campo. A mulher tensa que estava do outro lado vai em sua direção. O homem de olhar triste também. Os dois se cumprimentam meio sem jeito, com um aperto de mãos. O menino abraça os dois com alegria.

Na saída do clube, ele passa por mim de mãos dadas com o homem e a mulher, um de cada lado. Dou os parabéns pelo pênalti convertido, ele sorri, e ainda com lágrimas nos olhos, agradece.

"Esses são meu pai e minha mãe", me apresenta o menino sem largar as mãos dos dois. "Jurei pra eles que se viessem juntos hoje eu ia fazer um gol."

Martín pergunta se o certo não seria quem bateu primeiro repetir a cobrança. "É o que vale pro Messi e pro Neymar", acrescenta.

"Jogo de adulto não é igual ao de criança", respondo sem muita convicção, enquanto vejo os três indo embora, ainda de mãos dadas.

22.

Vinte por cento

Gira pra cá, gira pra lá, dá uma voltinha, e voilà! Não, não deu certo. Melhor girar pra lá e depois, sim, girar pra cá. Também não funciona. Como era mesmo? Ainda ontem eu era o rei do cubo mágico, como fui esquecer a manha? É só praticar um pouco que eu lembro, cubo mágico é como bicicleta, nunca se esquece.

Martín apareceu com o brinquedo em casa. Parece que voltou à moda. É a minha chance de tirar onda de pai-herói, chances que, quanto mais ele cresce, mais diminuem. Giro pra cá, giro pra lá e nada. Ele me olha com ironia, mas, para minha sorte, também não consegue. Confiando demais na volta dos meus poderes, já vou lançando o desafio: quem resolver primeiro leva cem reais.

Fazer apostas em dinheiro com o próprio filho não deve ser algo que um pedagogo responsável recomende. Na verdade, acho que ninguém com um mínimo de bom senso recomendaria essa atitude. No entanto, a minha língua é muito mais rápida que meu cérebro e, quando dei por mim, a aposta já estava lançada.

Tento achar nas gavetas alguma anotação, algum caderno de colégio que me dê uma pista sobre como resolver o maldito cubo. Me dou conta de que a minha expertise no assunto é de trinta, quarenta anos atrás. Depois de uma certa idade, a gente começa a achar que o que aconteceu há décadas foi ontem. É claro que não encontrei nada.

Enquanto brigo com as minhas memórias, Martín continua brigando com o cubo. Ele também gira pra cá, gira pra lá e nada. Quando junta três verdes, desfaz o lado azul. Quando junta seis azuis, lá se vão os verdes e os amarelos. Aparentemente os meus cem reais estão garantidos.

Apelo ao Google...Vamos lá, dicas, dicas, agora tudo é em vídeo, isso dificulta, os youtubers falam um idioma que não compreendo.

Num acesso de raiva, o cubo sai das mãos do Martín e se espatifa no chão. Voam pecinhas multicoloridas para todo lado, o que nos permite constatar que o cubo mágico é um brinquedo de encaixe em todos os sentidos, principalmente por dentro. Bingo! Ele olha para as pecinhas, olha para mim, olha para o computador e... Põe-se a juntar as pecinhas de novo. Na ordem certa. Em menos de vinte segundos, o cubo está pronto.

Tecnicamente temos um vencedor.

Não sei se um pedagogo recomendaria que a aposta fosse paga. Em todo caso, ele passou o resto do dia esfregando a nota na minha cara e me chamando de otário.

Dizem que a inteligência vale vinte por cento da malandragem. Estão cem por cento certos.

23.
Saturday Night Fever

Estamos em 1991, sábado, no fim da tarde.

Acabo de acordar. Que horas são? Onde deixei o relógio? Vamos ao que importa: qual é a boa? Sábado é o dia, não dá pra embarcar em furada. Tem que ir na boa. Na boa! Tem festa? Onde? Tem show? De quem? Tem bar? Tem muvuca? Quem vai estar nesses lugares? Fulana? Beltrana? E se uma delas for a mulher da minha vida, estiver na festa, e eu for no show? Ô confusão dos diabos.

Ligo pra um, ligo pra outro, avalio as possibilidades, calculo probabilidades. Se for em uma, não dá pra ir na outra, é óbvio. Tenho que decidir. O problema da vida adulta é que exige muitas decisões.

Preciso amadurecer.

Decido, após muita elucubração, ir na festa de fulana, pra ver se encontro beltrana. Que aparece com outro cara. Maldita beltrana. E agora? Fulana nem olha pra minha cara, outra insensível. Sou apresentado à sicrana. Agora vai.

Às seis da manhã de domingo, estou voltando para casa. Sicrana é incrível. Será que ligo amanhã para ela? Vou parecer um pateta ansioso, melhor esperar, me fazer de difícil. Sério? A quem quero enganar? Sei que vou ligar já falando de filhos. Fulana, que não deu a menor condição, que se dane, sicrana é bem melhor. Será mesmo? E a beltrana, quem era aquele mané com ela? Fulana, beltrana, sicrana, a vida afetiva tomou conta da minha existência. Todo fim de semana é essa confusão, só mudam os nomes. Tenho que dar um jeito nisso, não posso passar o resto da vida em crise às seis da manhã de domingo.

Um dia isso vai acabar.

Em 2016, sábado, no fim da tarde.

Acabo de chegar de uma festa infantil. Quatro horas entre brigadeiros, Coca-Cola e cachorro-quente. Agora é que o meu colesterol vai pras cucuias de vez. Tenho um jantar para ir, mas não tenho condições, a Galinha Pintadinha continua cacarejando na minha cabeça. Só me resta a TV. Como é sábado à noite, dia de loucuras e excessos desde sempre, lá vou eu para o

telefone atrás de comida. Pizza? Mega trash burguer?
Chinês gorduroso? Vou enfiar o pé na jaca, meia-idade
style. Hummm, olha a promoção! Levando a pizza
ultra-giga-premium, ganho um refrigerante de dois litros. Diet, pro sarcasmo vir de brinde. Como perder
isso? Mais dúvidas: calabresa? Marguerita? Pepperoni?
Tem que ir na boa. Na boa, afinal é sábado à noite.
Também por ser sábado à noite, a entrega demora, e
quando aparece filho e mulher já estão dormindo. E

agora? Como tudo ou deixo algo para amanhã? Malditas decisões, essa vida adulta não acaba nunca!

Preciso amadurecer.

Descubro um seriado novo na Netflix e eu, glutão,
como a pizza toda. Uns cinco milhões de calorias, sem
contar os dois litros de refrigerante. E nem vou falar do
colesterol que veio junto com a calabresa.

Às seis da manhã de domingo estou acordando, tenho que levar o filho para o jogo. Não devia ter comido aquela pizza, muito menos ela toda. Agora tenho
milhões de calorias para queimar e um colesterol para
baixar, terei que passar o resto da vida na academia.
Tudo isso pelo olho grande de comer a pizza inteira.
Devia ter comido só uma fatia, não aprendo. E pra que
tanto refrigerante? Essa briga entre calorias e academia
tomou conta da minha existência, todo fim de semana
é isso. Tenho que dar um jeito na situação, não posso
passar o resto da vida em crise às seis da manhã de
domingo.

Um dia isso vai acabar.

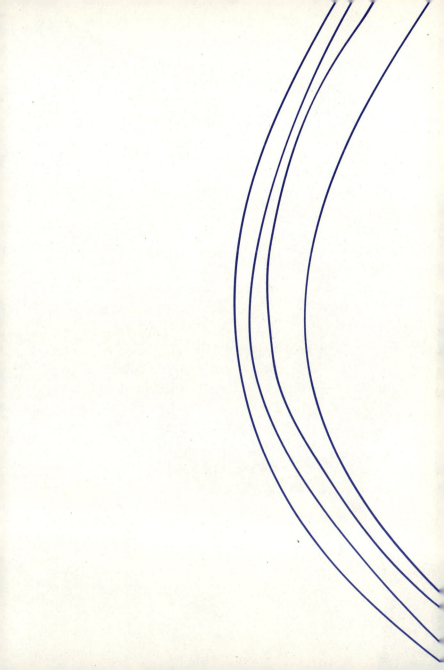

24.

Quem é a sua família?

Baudolino sobreviveu a duas mudanças de endereço, dois casamentos, uma tentativa de invasão do seu lar por um gato de rua e até evitou um assalto, de uma forma tão bizarra como corajosa. Mas aí chegou o Martín. Para um gato, tudo tem limite, e aquilo já era demais.

No começo, ele o ignorou. Até aí, algo absolutamente normal para um gato, é até difícil dizer quando um felino está ignorando alguém ou quando está apenas se comportando como um gato normal. Logo que o Martín começou a engatinhar, Baudolino resolveu lhe dar as costas, literalmente. Não foi bem uma rejeição, mas algo mais profundo, um protesto quase metafísico contra aquela invasão consentida por mim.

Veio o pior: ele começou a andar, e se tem algo que uma criança pequena não admite é indiferença. Lá ia o Martín atrás do Baudolino, que, malandramente, estava sempre dois passos adiante. Em algum momento, Martín achou que aquele era um bicho de pelúcia e passou a tratá-lo como tal. Assim que o bichano se distraía, o menino — vupt — o pegava no colo e saía andando pela sala exibindo o troféu. Mas parava aí a interação. Quando o menino se distraía, o gato saía correndo. Para não mais voltar. Em algum momento, ali pelos dois anos, Baudolino deu uma leve patada no menino. Uma patada de advertência, sem unhas. Assim foi que Martín entendeu que era para deixá-lo em paz. A vida correu, sem maiores sobressaltos, os dois convivendo respeitosamente, cada um no seu quadrado.

Anos depois, Martín já com cinco, o Baudolino foi internado. Infecção urinária. Acabou falecendo.

Contamos para o Martín aquela história da estrelinha. Ele chorou, choramos todos e a casa ficou triste por um bom tempo. Pouco a pouco, a rotina voltou ao normal. Como os dois nem se davam muito, achamos que o Martín não ia sentir falta. Ele nunca mais falou sobre o gato.

Anos depois, ele trouxe um desenho da escola. A professora tinha pedido para ele desenhar a família.

Eu, a mãe, ele e, ao seu lado, sorrindo, Baudolino.

25.

A paternidade que não cabe no Instagram

Hora de jantar: como estou sozinho, não só tenho que fazer a comida, pôr a mesa e lavar os pratos como ainda me cabe o mais trabalhoso: convencer o filho a comer o que deve, não o que quer. Uma longa batalha, com direito a sermões, ameaças e castigos, tudo aquilo que — dizem — o manual da paternidade não recomenda, mas que às oito da noite de um dia muito cansativo prefiro ignorar e, se tivesse o tal manual à mão, ele seria utilizado para acertar a cabeça dura do meu filho. O que também não é muito recomendável, quem vai ter que levar para o Copa D'Or sou eu mesmo.

Depois do duelo do jantar, o do banho: tem que fiscalizar na porta do boxe para que não seja tão curto para sair sujo nem tão longo que represente um desperdício de água. Não demora tanto como o do jantar, mas é tão intenso quanto e eu ainda por cima acabo todo molhado.

Tem mais.

O dever de casa: outra situação de equilíbrio precário. Não posso deixar por conta dele, ou o menino não faz direito, mas também não posso fazer por ele, ou a tarefa perde o sentido, mesmo que a minha maior vontade seja anunciar um "me dá isso aqui que eu faço" e acabar logo com a história.

Chega a hora da leitura antes de dormir. Outra guerra, desta vez entre Júlio Verne e o milésimo livro do Capitão Cueca. Assim como no duelo anterior, entre Charles Chaplin e o PlayStation, as forças da cultura pop vencem, por cansaço, os clássicos.

Às dez, finalmente, ele dorme. Agora, sim, posso acertar as pendências do trabalho, afinal, para que existe a madrugada a não ser para trabalhar? Dormir é para os fracos e amanhã tem — muito — mais.

Por que estou contando isso? A minha mulher viajou por um mês, tempo no qual acumulei as funções de pai e mãe do Martín. Dureza.

Chegamos ao mote desta coluna: se existe algum heroísmo no dia a dia é o de quem cria o filho sozinho(a), sem a ajuda de um companheiro ou companheira. Digo companheira só para constar, já que estamos cansados de saber que são elas que costumam carregar o fardo. É uma situação que eu só conhecia na teoria. Não sabia — até passar este mês — o quão difícil é não ter com quem dividir essas batalhas. Sempre fui solidário com quem precisa encarar sozinho o perrengue, mas uma coisa é a solidariedade dos likes, dos tapinhas nas costas e do #tamojunto; outra coisa, bem diferente, é a própria experiência.

Tem coisas que só quem vive a situação sabe: no meio de uma reunião de trabalho importante, por exemplo, toca o telefone e da escola avisam que seu filho está com febre. Se não tem um(a) companheiro(a), é você mesmo que tem que largar tudo para ir buscar e levar no médico. Não espere um prêmio ou medalha por isso e se dê por satisfeito se conseguir manter o emprego. É nessa hora que você sente na pele que a história do pai de fim de semana é pra lá de injusta: um encara todos os sacrifícios do dia a dia, o outro só aparece de quinze em quinze para levar ao cinema e fazer bonito no Instagram.

Não me cabem sermões, ameaças ou castigos e, como já disse no primeiro parágrafo, não tenho o manual da paternidade, mas, quando você foge da responsabilidade e deixa tudo para o outro, perde muito mais do que batalhas, duelos ou guerras.

26.

No Maraca

Pai zeloso que sou, escolhi a dedo a estreia do meu filho de cinco anos no Maracanã: Fluminense x Vasco. O Flu, segundo na tabela, contra o penúltimo colocado. E mais: sem torcida do Vasco, já que o presidente do clube tinha dado ordem a seus seguidores para boicotar o jogo. O que poderia dar errado? Seria uma festa só, uma goleada, nem teríamos tempo de sentar na cadeira, de tanta comemoração.

Passei pelo sofisticadíssimo sistema de compras do estádio, que faz com que você adquira os ingressos pelo site, pague taxa de conveniência (seria mais adequado chamá-la de taxa de sarcasmo, como verão a seguir), vá ao clube retirar o ingresso, fique uma hora na fila, depois descubra que no clube só entregam meia entrada, vá ao Maracanã, dê a volta toda no estádio atrás da bilheteria correta, fique em outra fila e aí, sim, consiga os ingressos na mão. O que é perder um dia inteiro de trabalho diante da perspectiva de uma epifania futebolística?

Chegamos e tudo estava como previsto. A torcida tricolor ocupava quase todo o estádio e a do Vasco era um pequeno grupo isolado lá longe. Mas o Maracanã não é só futebol. É toda uma filosofia de vida que mora naquelas arquibancadas. A maneira de se vestir, a maneira de se relacionar com os outros e, principalmente, de externar os próprios sentimentos.

Assim que o jogo começou, percebi que estava no meio de um grupo de poetas parnasianos, que só se comunicavam em versos alexandrinos. Que privilégio! O mais sábio e experiente deles, que tinha idade suficiente para ter assistido à fundação do clube, abriu os trabalhos:

— PORRA, VAMOS GANHAR ESTA CARALHA!!!

Imediatamente meu filho se virou perguntando o que era "porra", o que era "caralha" e de que maneira se pode "ganhar esta caralha". Enquanto explicava que eram expressões de um idioma alienígena, outro poeta do grupo se levantou e, com o som mavioso da sua voz fanha, exclamou:

— FFFUUUTÃÃÃ QUE FARIU, GERSON! VÃÃÃ SE FUDER! MANDA EFFA FFFFORRÃÃÃ DE BOLA NA DIREFFFÃO DO GOL, FEU MERDÃÃÃÃ!

O nobre poeta que externara tão brilhante intervenção tinha uma figura toda peculiar, que combinava com sua retórica. Usava uma camisa vintage, aparentemente da época da Máquina tricolor. No entanto, ele adquirira desde então algumas dezenas de quilos, que sobravam por baixo da camisa. O tamanho da pança produzia todo um efeito acústico, que fazia com que sua voz fanha fosse ouvida até fora do estádio. E a cada vez eu tinha que dar mais explicações sobre as palavras novas que meu filho ia aprendendo. O desempenho do time também não ajudava muito: "Papai, por que o Fred não corre atrás da bola?" Antes que eu começasse a tentar dizer alguma coisa, um dos nobres colegas do grupo de estudos de Camões me tomou a palavra:

— FRED, SEU ARROMBADO FILHO DA PUTA! CORRE ATRÁS DESSA MERDA DE BOLA, Ô VIADO ESCROTO!!!

Eu tinha que fazer tantos rodeios semânticos nas explicações que não conseguia mais prestar atenção no jogo. Fui pego de surpresa pelo gol do adversário. O que não aconteceu com meus colegas de torcida, que já tinham o comentário pronto, tanto que foi feito em uníssono.

— SEUS CUZÕES!!! VÃO SE FUDÊ!!! BANDO DE VIADINHOS!!!!

Após esse brado, partiram para um jogral, cada um mais criativo que o outro nos xingamentos. Abandonaram o estilo parnasiano e se reinventaram no realismo mágico, como se fossem uma espécie de Guimarães Rosa do baixo calão. Não fosse a minha função de tecla SAP, eu até ficaria mais tempo admirando tamanha criatividade. Resolvi abandonar a nau sem rumo.

É claro que na volta o motorista do táxi era rubro-negro. E é claro que o rubro-negro sorria de orelha a orelha enquanto eu tentava convencer o meu filho que com o Ronaldinho tudo vai ser diferente. O motorista também era um poeta. De uma escola mais concreta, por assim dizer.

— DOTÔ, RONALDINHO SÓ VAI RESOLVÊ O PROBLEMA DAS VAGABUNDAS DAQUI! HAHA-HAHAHA

E tem gente que reclama que o filho assiste a muita *Peppa Pig*.

27.

Dias felizes

No fim da ceia, naquela mesa grande, nosso avô juntava todos os netos, ou seja, a gente e nossos primos, e contava histórias de um mundo distante que tinha ficado para trás. As alegrias do pequeno povoado, as dificuldades do inverno, a festa na chegada da primavera, a guerra, a despedida, o sonho de um dia voltar. Lá do canto da mesa, você ouvia fascinado, imaginando um mundo grande, cheio de desafios e aventuras. Depois daqueles tempos, comecei a desconfiar de que o mundo não é tão grande assim, que na verdade tudo é pequeno, mas aí você já não estava mais para me dizer que eu estava errado.

Às vezes, me pego olhando fotos antigas e sentindo a sua falta.

Ainda mais quando vem chegando o dia do ano que você mais gostava. De tarde já estava todo arrumado para a festa, queria ser o primeiro a chegar, encontrar os tios, primos, avós, aqueles amigos engraçados do avô que sempre surgiam com presentes para todos. Depois que ele se foi, continuaram aparecendo, para contar as histórias do vovô, mas foi chegando a hora deles também, nada é para sempre, mas isso você não teve tempo de descobrir.

Nossos primos iam todos para o quintal brincar e procurar respostas para as grandes perguntas. Será que Papai Noel existe mesmo? Você, querendo ser o mais sábio, dizia que não, que eram os pais que compravam os presentes. Mesmo com tanta certeza e sabedoria, ainda tentava ficar acordado à meia-noite, na esperança secreta de estar errado. Acabava dormindo no colo dos nossos pais.

No dia seguinte, lá estavam os presentes. Lembra aquele Autorama que você ganhou? Você disse que era o dia mais feliz da sua vida, até que você acelerou demais, o carrinho voou longe e acertou em cheio aquele vaso chinês no meio da sala. O melhor dia e o pior castigo. Depois houve a vez do Atari, e aí esse, sim, passou a ser o dia mais feliz de todos os tempos. Foram muitos dias felizes, mas o Atari, o Autorama, esses desapareceram no tempo, o vaso e os castigos, também.

Já passou muito tempo desde que você se foi. Continuei tocando em frente, a vida sempre segue, de uma maneira ou de outra. Aquela Kodak Instamatic que você ganhou dos nossos pais — ou do Papai Noel — me ajudou a encontrar o caminho. Casei e tive um filho. Ele tem o nome daquele ponta-esquerda que você tanto gostava. Me dizem que ele parece muito com você. Ele também quer saber as respostas para as grandes perguntas, mas, como você, acaba dormindo no colo dos pais antes de descobrir.

Mamãe continua bem, sempre dando bronca nos filhos. Você achou que ela um dia ia parar de te pedir para levar um casaco e mandar comer todas as verduras do prato. Esse dia, felizmente, ainda não chegou. Papai está esquecendo de mim, mas às vezes lembra de você e me pergunta onde você está. Eu queria responder, mas aí lembro que as coisas não são para sempre e que isso a gente descobre da maneira mais dolorosa.

Nesta segunda estaremos mais uma vez juntos, primos, tios, avós e netos. Agora sou eu quem, na grande mesa, conta as histórias de um mundo distante. Lá no canto da mesa, na minha memória, é você quem sorri e acena, lembrando que os dias felizes, esses ficarão.

28.

A Nutella, a CIA e o presidente

Popularidade do presidente cai ainda mais e leva junto a economia. É a manchete do jornal que leio na mesa do café da manhã. Quando votei no Lula, em 2002, imaginava que dezesseis anos depois já estaríamos vivendo numa social-democracia escandinava. Tenho a leve impressão de que me enganei. Enquanto lamento o sonho desfeito, chega o Martín. Ele dá bom-dia, ignora o jornal e minhas ilusões perdidas e pergunta pela Nutella.

Quando eu tinha os mesmos oito anos dele, não existia Nutella. Café da manhã era pão, manteiga, café, leite. Não havia nem mesmo Nescau ou Toddy. Os meus pais, de esquerda raiz, achavam que qualquer achocolatado era um desvio pequeno-burguês patrocinado pela CIA. Agora tenho este ícone capitalista na minha frente. Nada mais irônico do que o tempo.

Martín não está nem aí para conflitos ideológicos, ilusões perdidas e muito menos popularidade de presidentes. Ele pega o pão, a Nutella e só para ao perceber que tem um bolo na mesa.

Nesse momento, estou lendo as notícias sobre a próxima eleição. O candidato do Apocalipse está bem colocado nas pesquisas. Se ele for eleito, sou capaz de sentir saudade desse traste que está no poder, cuja única façanha foi me fazer sentir saudade da Dilma. Na política, o fundo do poço tem alçapão.

Diante do bolo e da Nutella, Martín tem uma ideia: um sanduíche de bolo com Nutella. Ele se sente um Steve Jobs da culinária. Deixa o pão de lado e corta duas fatias do bolo para montar a hecatombe calórica, mas ao tentar passar a Nutella no bolo tem um choque de realidade. O creme de avelã agarra e esfarela tudo. A felicidade se torna decepção.

Por um momento, somos dois desiludidos na mesa.

Mas o menino não fica se lamentando como o pai. Vai no iPad consultar o seu oráculo — o YouTube — em busca de uma solução.

Já eu continuo sofrendo com as notícias. O Gilmar Mendes soltou mais uma dúzia de corruptos. Ele solta porque tem o rabo preso ou tem o rabo preso porque solta? Sou um poço de dúvidas.

Com alçapão.

Martín volta, pega uma panela, enche de água, coloca no fogo e põe o pote de Nutella dentro. Descobriu na internet o banho-maria, o micro-ondas vintage. Mais uma ironia do tempo.

A leitura continua: o bispo, nas horas vagas prefeito do Rio, tem o maior índice de rejeição em vinte e cinco anos. Assim como o Temer, sua única proeza foi me fazer sentir saudade do antecessor. A meta dos políticos atuais é deixar o eleitor com saudade de quem veio antes. É a ideologia da ladeira abaixo.

Martín traz a Nutella quase derretida. Funciona: agora a faca desliza que é uma beleza. Ele monta seu tão revolucionário quanto açucarado sanduíche. Não posso nem chegar perto, só o cheiro já engorda três quilos. Ele sabe, por isso faz questão de me oferecer um pedaço, às gargalhadas. Acho que meus pais tinham razão, Nutella é coisa da CIA.

Terminamos o café da manhã. Ele, que não está nem aí para ideologias ou calorias, está feliz e satisfeito: resolveu o seu único problema e começa o dia com um céu azul imaculado. Já eu continuo com a nuvem pesada da realidade trovoando na minha cabeça.

Mas não terei tempo de pensar sobre isso: meus pais já estão chegando para uma visita e preciso esconder essa Nutella, rápido. Entre o livro do Marx e o retrato do Che deve ter espaço.

29.

Perfume de mulher

Umas das coisas ruins de envelhecer é que você acaba ficando diplomático demais, ponderado em excesso, sempre pensando nas consequências e nas implicações.

Resumindo: vira um frouxo.

Tem uma vizinha aqui no prédio que exagera no perfume. Essa é a versão diplomática. Na verdade, ela se encharca de uma substância pavorosa que só a própria acha que é perfume. O que não seria problema, não fosse o elevador. Você entra e o ar está tão empestado que, se a Coreia do Norte soubesse, deixaria de lado as armas atômicas e contrataria minha vizinha para acabar com os Estados Unidos, ou melhor, com toda a humanidade.

A dondoca é o apocalipse gasoso, puro spray de Chernobyl.

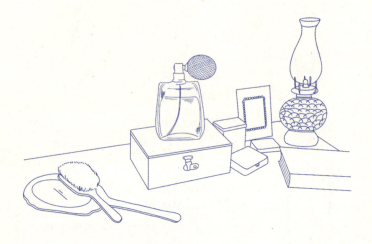

O problema é que não sei como resolver a questão. Já tentei tossir, já tentei encenar uma síncope, já rezei Pai-Nosso em voz alta. Nenhuma indireta funciona. Como ela é uma perua master graduada, daquelas que estão sempre de echarpe e com mais ouro que Serra Pelada, pensei em pregar avisos no elevador com fake news, tipo "perfume aumenta as rugas" ou "combinação de perfume e botox é a principal causa de câncer". Pensei até mesmo em apelar para o anticristo das peruas da Zona Sul: "excesso de perfume aumenta as chances de Lula em 2018."

Frouxo que sou, não levei nada disso adiante.

Até que na semana passada fui levar o Martín na escola e, quando o elevador abriu, lá estava ela, no seu dourado e pestilento esplendor.

Martín entrou, cheirou e com a sua diplomacia de macaco em loja de louça decretou em voz alta:

— QUE CHEIRO HORRÍÍÍVEEEEEEELLLL!!! PAPAI ALGUÉM SOLTOU UM PUM AQUI!!!

Resolvida a questão.

E o menino já tem meu voto para síndico.

30.

O paraíso na palma da mão

—Papai, me dá um celular?

— Tá doido? Você só tem sete anos!

— Mas na minha turma vários colegas têm.

Conto esse pequeno diálogo para os pais dos colegas e todos concordam: criança com celular é uma loucura. O problema é que logo descubro que são esses mesmos pais os que dão celulares aos filhos.

E mais uma vez eu, o dinossauro da pedagogia, tenho que fazer o papel de vilão.

Porque não é só um telefone. É um telefone que abre a porteira da internet, das redes sociais e da troca de mensagens, fotos e vídeos. Não é só o perigo do assédio direto por todo tipo de maluco, é o perigo de uma criança, que por sorte não tem a menor noção do que é ou não adequado à idade dela, compartilhando conteúdos. E conteúdo pode ser qualquer coisa, desde um vídeo de um youtuber paspalho falando sandices a um linchamento de um suposto bandido, passando por toda aquela pornografia que Deus duvida e o Diabo rejeita. Quem é que vai ficar de guarda junto ao celular do filho? A babá? A professora? Um app? Se para um adulto já é difícil "desver" certas barbaridades que circulam pelas redes, que dirá para uma criança? Serão anos e mais anos de psicólogo para evitar que essa criança se transforme num sequelado digital.

Só que nada é mais forte na classe média do que o efeito manada: a possibilidade de os amiguinhos terem algo e o filho não causa pavor nos pais, que não querem submeter o pimpolho ao trauma de ficar de fora, mesmo que seja de uma estupidez. O pequeno sultão não pode ser contrariado, é o mantra da burguesia nativa, então o que começa com o doidinho da turma e seus pais sem noção logo se espalha feito rastilho de pólvora.

No pasarán.

Mas tem um detalhe que mesmo os pais que superam essa epidemia de irresponsabilidade esquecem: sem dar o exemplo, nem um dinossauro da pedagogia sobrevive. Se o menino vê os pais atracados ao telefone o dia inteiro, fica difícil exigir abstinência. A criança acorda e lá estão os pais às voltas com e-mails, mensagens variadas e mil posts. A criança vai dormir e o frenesi digital continua. No jantar da família, o celular é sempre o convidado de honra, a postos para dar pitaco sobre os mais variados assuntos. Nem no fim de semana o WhatsApp dá sossego, avisando a cada cinco minutos que uma bobagem fundamental espera uma resposta imediata. Isso sem falar de Instagram, Facebook, Twitter e outros. Os adultos só interrompem toda essa intensa atividade para dizer que os filhos não podem participar dela. Genial, não?

Se existe bom senso suficiente para proibir uma criança de ter celular, deveria sobrar um pouco para que os pais, dinossauros ou não, o utilizem de maneira razoável.

Afinal, antes de se preocupar com os futuros sequelados digitais, devemos nos preocupar com os que já estão por aqui, na frente do espelho.

31.

Refrigerante orgânico

Televisão? Nem pensar. Na pior das hipóteses, só depois dos quinze anos. Só na pior das hipóteses. Até lá, nada de tela: nem celular, nem tablet, muito menos videogame. Essa bravata foi lançada quando o Martín tinha um ano, junto com a dos orgânicos, e acho que teve vida tão curta quanto.

Prometi que meu filho não descobriria os biscoitos recheados, os cheetos, a carne processada, os legumes e verduras com agrotóxico. Claro, jamais provaria Nutella ou Coca-Cola.

A promessa da tela foi ainda mais ambiciosa.

Ela partia da seguinte premissa: em vez de ficar estático diante de uma tela, ele seria levado — por mim — a um mundo de criatividade e imaginação, de brincadeiras lúdicas e jogos imaginativos. O que não tinha me dado conta é de que esse movimento todo pede tempo. Muito tempo. Na verdade, ele exige dedicação exclusiva. Dos dois pais.

Foi assim que começamos a fazer turnos para que o Martín pudesse ter alegria e diversão o tempo todo.

Tudo certo, não fosse a nossa vida pessoal. Nada de trabalho, diversão, romance ou qualquer outra atividade. Cinco minutos para ir ao banheiro se tornaram a minha utopia.

Foi então que me lembrei de uma série de DVDs que ele recebeu de aniversário; daqueles quase lisérgicos, em que marionetes de bichos dançam lentamente enquanto ouvem músicas agitadas. Na verdade, comecei a ver por curiosidade, para saber do que se tratava.

Quando olhei para trás, lá estava o Martín embasbacado, quase babando, olhar fixo na tela. Fui um fraco, devo confessar: o certo seria desligar imediatamente aquele aparelho do demônio e voltar para as atividades lúdicas e criativas. Devo também acrescentar, leitor, que eu precisava ir ao banheiro, algo que, com uma criança de dois anos, é bem complicado. A necessidade derrotou, de goleada, meus princípios.

Acho que foi a primeira vez que fui tranquilo ao banheiro. Quando voltei, ele continuava exatamente na mesma posição, com o mesmo olhar.

A consciência culpada falou mais alto e eu acabei com a farra televisiva. O problema é que a essa altura a porteira já estava aberta.

No começo foi só para ir ao banheiro ou resolver algo urgente no telefone.

Logo passou a ser um lanche tranquilo ou ler — de forma dinâmica — o jornal do dia.

Pela porteira aberta passou uma boiada.

Enquanto escrevo esta crônica, ele está empoleirado em frente à TV, jogando *Fortnite* no PlayStation, ao mesmo tempo que assiste a um vídeo de um youtuber no iPad.

Sim, leitor, como você imaginou, ele está comendo algo que não se assemelha em nada a tofu, rabanete ou chips de acelga e que tem a quantidade de açúcar que deveria ser consumida por um adulto em uma semana.

Ao menos não está bebendo Coca-Cola.

Peguei a última lata da geladeira.

32.

Messi por um dia

A bola vem, ele não acerta o chute e lá se vai o gol. O passe chega, mas ele, não; a bola vai para fora. As jogadas não dão certo e o Martín fica triste, não acha mais graça no jogo.

Ele sonha em ser igual ao Messi. Tento incentivar, digo que no próximo será melhor, que ainda tem muitos jogos pela frente.

— Papai, não consigo acertar nem um gol! O Messi dribla um, dribla dois, dribla todos e a bola entra, pro Messi tudo dá certo! Nunca vou ser igual a ele.

Aos nove anos, Martín começa a perceber o que a gente já sabe pela experiência: as coisas nem sempre dão certo, é difícil ser o Messi. Talvez uma vez, quem sabe outra, mas na maioria das vezes a bola vai pra fora. É por isso que, pela experiência, a gente aprende a dar valor a qualquer alegria, qualquer conquista, por menor que seja. Nunca se sabe quando virá outra.

Vamos embora do clube de bicicleta. Uma volta na Lagoa? É um fim de tarde deste outono que é meio verão, um céu de cinema, com nuvens desenhadas à mão. Ele vai na minha garupa, a mochila da escola na cesta. Martín está crescendo, em pouco tempo não vou conseguir mais levá-lo na garupa, vai ter que ir sozinho, com a sua própria bicicleta. Ele ainda não se deu conta disso, quando a gente é criança acha que as coisas são para sempre.

Passamos pelos remadores do clube Botafogo, pelos biguás voando em formação, o Cristo acendendo lá em cima do Corcovado, o homem que vende água de coco, os namorados tirando selfies apaixonados no pôr do sol. É tudo tão bonito que ele esquece o passe perdido, a bola que não entrou. A alegria volta. Ele tenta me ensinar um funk que aprendeu com os amigos. A gente morre de rir com a letra sem muito sentido, que ele vai cantando às gargalhadas. Depois conta da escola, das professoras, do inspetor que implica. Quer saber como era a minha vida naquelas mesmas salas que ele agora frequenta. Ao me lembrar das minhas histórias de colégio, me dou conta de que, ao menos para mim, só para mim, parece que foi ontem. A vida passa voando, isso a gente também aprende com a experiência.

Paramos um pouco no deque do parque dos Patins, para olhar os pedalinhos e ficar relembrando a viagem das últimas férias. Como serão as próximas? Será que um dia a gente vai para a Espanha ver o Barcelona jogar?

Entramos na Saturnino de Brito, passamos no Bibi Sucos, na sorveteria Mil Frutas, atravessamos o parque Lage. Encontramos o Jards Macalé, o Toni Platão, as moças do Supermercado Crismar e chegamos em casa. "Vamos ver um filme na TV? Olha, tá passando o filme do Super-Homem." O dia termina com ele dormindo no meu colo, me emprestando os seus sonhos.

Peço perdão, leitor, por tomar o seu tempo com uma história tão banal. Talvez este espaço fosse melhor aproveitado comentando o incêndio na Notre-Dame, a reforma da previdência ou alguma propina de político. Mas é que quero recortar esta coluna corriqueira e guardar em algum lugar. A gente sabe, por experiência, que recortes de jornal duram muito tempo e aparecem no fundo de uma gaveta quando menos se espera.

Assim, algum dia, quando o Martín já estiver cansado de andar sozinho na bicicleta, vou poder lembrá-lo que num fim de tarde de outono, dando uma volta na Lagoa, tudo deu certo pra gente.

Igual ao Messi.

33.

Carta para um menino
que perdeu a avó

Virou uma estrelinha. Foi para o céu, está nas nuvens. Talvez naquela grande, que vai rápida, perto do horizonte, ou nesta, pequena e branca, acima de nós. Você, menino, quer saber para onde ela foi, no que se transformou e se algum dia você vai conseguir encontrar de novo.

Sei que tem tentado não chorar, para não deixar a sua mãe ainda mais infeliz, o seu avô com olhar ainda mais perdido. Também sei que guarda as lágrimas para quando acha que não tem ninguém vendo, porque não quer que a angústia tome conta da família.

Os abraços, as brincadeiras, o colo, tudo isso te faz falta. Por que ela? Por que agora? Você, menino, pede uma explicação, uma resposta, mas não encontra em lugar algum. Te falam de Deus, de fé e de esperança, mas isso — agora — parece pouco. Você pede por ela, quer dar um jeito de ver uma vez mais, pedir mais um abraço, uma história para dormir, uma despedida.

Não sou um religioso, um cientista, um estudioso, alguém que saiba o que vai pelo cosmos, o que há entre a terra e o céu, alguém que tenha a chave do universo. Sou íntimo apenas das coisas pequenas e cotidianas, daquelas que se aprende andando pelas ruas, olhando em volta sentado na praça. Do dia a dia, daquilo que me é familiar, só tenho para te oferecer uma certeza: vai passar.

Da mesma maneira que sua avó foi embora, um dia também vão embora a tristeza e os olhares perdidos. Demora, mas uma hora você acorda e não estão mais lá. A angústia, a infelicidade, a hora mais escura, tudo passa. Sei que quando a gente é menino não é fácil entender, temos certeza de que o que sentimos é eterno, não terá fim. O que é ruim, uma hora termina. Mais tarde você vai lamentar que as coisas boas também acabem e, bem mais tarde, você vai perceber que as coisas só são boas porque têm um fim.

Mas tem algo que não desaparece: o que a gente guarda na memória. Enquanto lembrarmos das pessoas, elas viverão dentro de nós. É onde a sua avó vai morar a partir de agora: na sua memória, na da sua mãe, na de toda a família. A família não divide só o sobrenome, partilha a memória. Essa memória é a sua casa, onde você estiver. A família vai chorar junta ao ver as fotos, rir ao recordar as histórias engraçadas, sentir falta no almoço de domingo e no Natal, logo depois da meia-noite, vai ter sempre um sorriso e uma lágrima, por ela, pelos que não estão mais.

Nestes dias tão difíceis que estamos passando, de aflição, de incertezas, em que ninguém sabe o que vem por aí e tantas e tantas famílias sofrem pela distância dos que não estão por perto, pelo medo de perder os mais velhos e por não saber como será o futuro dos mais novos, dos meninos, você vai poder fechar os olhos e encontrar conforto nas lembranças daquele abraço, do colo que te oferecia quando você estava triste e da felicidade imensa que ela sentia ao te ver. A memória da sua avó será sempre um abrigo.

A angústia destes dias também vai passar. Lá na frente, você, não mais menino, vai se lembrar dela, da sua avó, de tudo o que passou. Será a sua vez de escrever uma carta para um menino triste, que olha para o céu atrás de nuvens e estrelinhas.

34.

A felicidade não se vende

Ontem assisti com o Martín *A felicidade não se compra*, do Frank Capra, um clássico de fim de ano. Contando assim parece que foi fácil, mas fazer uma criança do século XXI ver um filme preto e branco de mais de duas horas, sem super-heróis ou perseguições de carros, é mais difícil que levar um gato pro veterinário ou um ministro deste governo para uma biblioteca.

O menino refugou, esperneou, estrebuchou até dizer chega. Mas Capra não é gênio à toa e em quinze minutos ele já tinha embarcado na história de George Bailey, um sujeito que é salvo por um anjo no dia de Natal (ninguém vai reclamar de spoiler num filme de setenta anos, né?).

A obra fala de solidariedade, dos sonhos que a vida nos obriga a deixar para trás e, principalmente, das

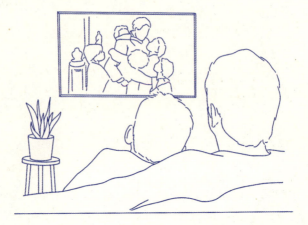

boas ações que sempre voltam. No final eu estava aos prantos, e o Martín, achando muito estranha a minha reação.

Fiquei intrigado, pensando que um dos dois deveria ir ao psicólogo. Ou quem sabe os dois. Quem sabe não tenho desconto por atacado?

Depois pensei melhor.

Não é que o Martín já tenha descoberto que felicidade não se compra, é que ele ainda não entende por que alguém ia querer vendê-la.

35.

Bullying: um manual caseiro

No almoço, o Martín veio com uma história sobre um colega que estava sendo zoado pela turma. Por algum motivo banal, como ter a cabeça um pouco maior que o normal, desculpem, do que a média, ou as orelhas em tamanho XXXL. Ao ouvir isso, a minha mulher engata um discurso contra a opressão do bullying, explicando ao nosso filho que não é correto criticar os defeitos dos outros.

Ele ouve com atenção e no final se vira para saber a opinião do pai. O sábio e sensato pai.

— Meu filho, a zoação é uma arte.

Ao ouvir a frase, a mãe revira os olhos. Tomo a atitude como uma deixa para continuar. A interpretação equivocada dos sentimentos alheios é uma das minhas maiores qualidades.

— O deboche surge igual ao amor, do nada, é um milagre da natureza, por assim dizer. Você pode ridicularizar tanto as características físicas, o que hoje em dia é considerado incorreto, como as psicológicas, um clássico que nunca sai de moda. A zoação perfeita exige espírito observador e partes exatas de sarcasmo, ironia e sadismo. Jamais, em hipótese alguma, passe recibo ao ser zoado. Se reagir, aí é que o bicho pega. O cabeçudo de quem você estava falando, por exemplo, deve ter a cabeça igual à de vocês, a diferença é que ele entrou na pilha. Além de cabeçudo, otário.

A minha mulher já começa a procurar os papéis do divórcio. Continuo a aula.

— A zoação criativa inclui imitações e apelidos. Um apelido bem dado, por exemplo, é uma joia que dura para sempre, tal qual um diamante. Já uma boa imitação é um show imperdível, que ganha um brilho especial na presença do imitado. Mas tem uma coisa importante: tem que perceber os sinais de quando parar. Um ranger de dentes, por exemplo, é um sinal. Receber um soco no meio das ideias, também. É preciso estar atento. E forte.

Toca a campainha: é mamãe. Minha mulher revira os olhos de novo. Se sou um desastre pedagógico, que dirá o filme que deu origem à série. Ao saber o tema da conversa, ela não perde tempo:

— Martín, quando o seu pai tinha a sua idade, era pequenino e cabeçudo. Agora não é mais pequenino.

Não é que a minha mãe não consiga entender o que é bullying, o que ela não compreende é que isso seja um problema. Ela considera que apontar os defeitos dos outros é uma obrigação, um sinal de carinho e apreço. "Eu estarei sendo falsa se não apontar o que você tem de errado." Falsa, a mamãe nunca é.

— Você ainda não trocou a lâmpada do corredor? Além de cabeçudo, preguiçoso. Vou dar uma olhada no que mais você deixou de fazer na casa.

Aproveito a deixa para terminar a lição do Martín.

— Tá vendo, meu filho, isso que a sua avó faz comigo é que é o verdadeiro bullying.

— Entendi — responde ele —, zoação criativa é quando a gente avacalha os outros, bullying opressor é quando somos nós os avacalhados.

— É, pode ser, acho que suas orelhas grandes te permitem uma compreensão maior sobre o que está sendo dito.

— Meu netinho... Não dê atenção ao seu pai, a medicina está muito avançada, resolve esse problema em dois tempos e já, já você fica normal.

Agora são o meu filho e a minha mulher que reviram os olhos. Será que isso conta como passar recibo?

36.

Na frente das crianças

O quadro precisa ir para a parede e peço para o Martín observar a sofisticada técnica do pai para pendurar obras de arte. Já na primeira martelada erro o prego e acerto o meu próprio dedo.

— Uh.

É o que eu me limito a dizer, enquanto o dedo lateja como um pimentão com taquicardia. Alguns anos atrás, minha série de palavrões e xingamentos numa situação como essa deixaria o discurso do Neymar para o juiz holandês parecendo um poema parnasiano. Mais um milagre da paternidade.

O que você pode ou não falar na frente das crianças é algo que se aprende na prática, por erro e acerto. Uma das primeiras lições é eliminar os palavrões. Não importa se o seu dedo foi esmagado, se a luz acabou na hora em que você ia salvar o trabalho ou se o VAR confirmou o pênalti contra o seu time. Os filhos vão usar tudo o que os pais disserem nos lugares mais improváveis e, claro, sempre dando o devido crédito para quem ensinou.

Ao levar uma fechada no trânsito, você faz uma menção à atividade profissional da mãe do outro motorista, sem lembrar que o seu filho está sentado no banco de trás. No dia seguinte ele estará repetindo o palavrão para a simpática mocinha no caixa do supermercado. E também na frente dela o menino vai perguntar no que consiste a tal profissão da mãe daquele motorista. Você, que nem contou ainda a história da sementinha do papai na mamãe, já vai ter que explicar a dinâmica do baixo meretrício.

Mas o autocontrole não é só nos palavrões. É necessário vigiar os preconceitos. Um problema para dinossauros como eu, cevados com a incorreção política de *Trapalhões, Tom & Jerry*, Sérgio Mallandro e cia. A vigilância tem que ser constante. Mesmo assim, sempre escapa alguma coisa.

O Martín está jogando videogame. Eu passo e ele pede que eu traga um copo de Nescau, não quer parar o jogo. Na hora eu viro e, irresponsável, pergunto: A madame não pode ir até a cozinha? Quando chego no quarto, recebo o olhar de reprovação da minha mulher, que me aponta, de maneira não muito sutil, os vários níveis de erro na minha frase. Erros que comportam misoginia, etarismo, preconceito de classe e o tradicional sarcasmo.

Mais um pouco e o oficial de Justiça vai bater na minha porta.

Coreia e México jogando, começa o segundo tempo. Pergunto com displicência para o Martín: Quem garante que esses onze coreanos que estão em campo são os mesmos do primeiro tempo? Pronto, a graçola acrescentou mais algumas categorias de preconceito para o meu prontuário. Tentando consertar explico que, para os coreanos, os ocidentais é que são todos a mesma M. Outra palavra feia e um golpe na autoestima cristã ocidental do Martín.

Agora terei, além do oficial de Justiça, as consultas com o psicólogo.

Durante o jantar, Martín conta animado sobre um coleguinha que, na saída da escola, assustou os outros com estalinhos. Ao ouvir a história, resolvo, todo trabalhado na inconsequência, ajudar na diversão escolar:

— Filho, se você colocar o estalinho na ponta de um cigarro, acender a outra e largar embaixo da privada no banheiro, o próximo que sentar vai levar um susto imenso. Isso, sim, é divertido!

O oficial de Justiça, as consultas do psicólogo e agora conseguir uma nova escola para o Martín.

37.

Voltando para casa

Ontem cheguei em Congonhas de noite, apressado, correndo para pegar o voo de volta pro Rio. Quando estava entrando no embarque, me veio o flashback.

Depois de uma certa idade, o seu guru não é mais o Umberto Eco ou o Paulo Coelho. É a sua própria memória.

Me vi quarenta anos atrás esperando o meu pai voltar do curso de francês. Ele ia todas as terças e quintas, de sete às nove. Eu ficava acordado porque sabia que ele ia trazer o chocolate que eu gostava. Às vezes, para fazer suspense, ele dizia que tinha esquecido, que não deu tempo, que não tinha achado. Eu pegava a capanga dele, revirava e estava lá. Ainda hoje seria capaz de descrever o barulho da chave abrindo a porta, o que tinha na bolsa, o gosto do chocolate.

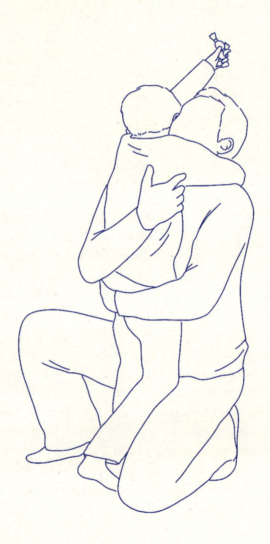

Dei meia-volta e fui procurar as balas preferidas do Martín pelo aeroporto. Quase perdi o avião. Quando cheguei em casa, ele já estava dormindo. Deixei o pacotinho do lado da cama. Hoje de manhã ele veio com as balas na mão me dar um abraço.

Daqui a quarenta anos, não estarei mais por aqui. As minhas fotografias, as poucas que sobrarem, estarão mais amareladas e gastas do que uma capanga. Mas talvez eu volte na cabeça de um homem de meia-idade a caminho de casa. Talvez essa imagem apareça com uma lágrima e um sorriso e o faça dar meia-volta.

E um menino, quem sabe com um nariz ou olhos parecidos com o meus, vai acordar feliz.

38.

Diferenças

Meu filho pode ser o que quiser: médico, músico, advogado, pipoqueiro na esquina. Pode ser hétero, gay, trans. Católico, umbandista, ateu ou adventista do sétimo dia. Também pode ser de esquerda ou direita, usar camisa do Che Guevara ou fazer arminha de Bolsonaro. É ele que vai escolher o seu destino.

Você se prepara para ser um pai moderno, tolerante, de cabeça aberta, que respeita a individualidade da criança e não tem o descontrole de ego de querer que o filho seja seu clone. Estamos no século XXI, hora de mudar para melhor.

Para mim, foi assim durante um bom tempo, enquanto ele ia no caminho que, se não era idêntico, ao menos era bem parecido com o meu. É muito tranquila a vida de um teórico enquanto a realidade não perturba o que ele prega por aí.

Mas eis que um dia, na hora de ir para a escola, ele me aparece na porta com algo diferente. Camisa ok, short ok, penteado ok, dentes escovados, meias limpas e... Peraí, o que é isso???

Ele está com dois tênis diferentes. Um de um par, outro de outro.

Sou um cara moderno, tolerante, de cabeça aberta. Devo confessar que um pouco metódico, com certo TOC por simetrias. Isso na versão sutil. Na real, todo mundo reclama da minha mania de organização, seja prática ou estética.

Diante disso, ver o próprio filho com tênis diferentes quase me faz enfartar. Tive que contar até dez, respirar fundo três vezes e esvaziar uma caixa de Isordil para poder começar a xingar.

— Tá maluco? Perdeu o juízo? Não pode!!!

A resposta veio certeira: E por que não?

O meu discurso de tolerância, modernidade, compreensão e respeito à diferença está sendo testado pela primeira vez. E já fui logo tomando um zero.

— Porque não! É ridículo! Ninguém faz isso!

Vejam bem, ele não estava naquele momento anunciando uma mudança de sexo, de time ou de DNA.

Apenas combinando o tênis de um par com o tênis de outro par.

— Mas aí você vai ficar com um tênis gasto e outro novo, do mesmo par!

Tentei enrolar ele numa lógica pouco cartesiana e muito convincente.

— Não! Amanhã eu inverto. Uso o outro de um par e o outro do outro.

O maldito é esperto. Se não há lógica no que ele fez, muito menos na minha reação. Não me resta alternativa a não ser apelar a supostas convenções sociais. A ameaça de exclusão social costuma ser muito eficiente com crianças e adolescentes.

— Ninguém faz isso, os seus amigos vão te achar patético.

— Ridículo é ser um dinossauro irracional. E meus amigos também trocam os pares de tênis.

Pronto. Ele não só está tecnicamente certo como também me colocou no museu de história natural. Dou uma bronca, peço respeito, digo que — desta vez — passa.

Agora toda vez que ele passa tenho que engolir o meu TOC de simetria e rever as minhas convenções sociais. Melhor isso que trocar de time. Imagina se ele vira...

Peraí! Que camisa rubro-negra é essa?

39.

Campeonato no 702

Martín chega da escola a tempo de jogar o maior clássico dos apartamentos, o um contra um do 702, no grande estádio da sala de estar, na tradicional divisão de um gol na cozinha, outro no quarto. É, como convém às decisões importantes, um jogo indoor.

Neste futebol doméstico, meu time, que, como sempre, sou eu, é uma equipe em decadência. Já teve grandes momentos, ganhou partidas importantes, quase ganhou um campeonato e fez alguns gols memoráveis, lembrados à exaustão em aniversários e ceias de Natal.

Já o outro time está em ascensão. Quer ganhar todos os jogos, o campeonato, o que mais houver. Um inexperiente, enfim.

O que me resta, para driblar o meu fim de carreira e não fazer feio pro outro time, é tentar usar alguma malandragem. Passar a bola entre as poltronas, tabelar com a estante, usar a mesinha de centro como zagueiro.

Mas nada segura os que vieram depois, a gente aprende sempre da pior maneira. Em dez minutos, o outro time já vence de dois a zero. Meu objetivo é não ser humilhado, quem sabe conseguir sair com alguma dignidade. O empate é um grande resultado. Consigo um gol por pura sorte: o outro time chuta forte, a bola rebate numa cadeira e volta. Gol contra. Uma das vantagens de ser sênior é que você sabe que gol é gol, não importa como entrou, o que vale é o resultado.

O jogo já está perto do fim, termina quando começa o desenho do Pokémon. Eu tenho poucos minutos para tentar o empate. Parto com a bola dominada, o jogador adversário vem pro carrinho. Se fosse um filme, agora seria a hora da câmera lenta. O Messi aparece na minha cabeça: É de cavadinha! É de cavadinha! Cavadinha! O adversário vem escorregando na minha direção. Só dá tempo de um leve toque por baixo da bola. Ela levanta voo e vai por cima do Martín, esbarra num vaso e vai pelo corredor, em direção ao quarto. A bola no ar e o vaso girando. A tensão dramática era puro Tarantino. Finalmente a bola entra, ao mesmo tempo que o vaso quebra no chão. A minha vontade é sair correndo e comemorar, afinal quem pagou pelo vaso fui eu mesmo, e a essa altura já entendo que vaso, se compra outro, mas um gol perfeito não há dinheiro que pague. Quando me preparo para a comemoração, aparece a voz da consciência, que por coincidência é a mesma da minha mãe: Olha o exemplo! Olha o exemplo!

Imediatamente paro tudo e faço o discurso para o outro jogador: o que fiz foi errado, não devíamos estar jogando na sala, pode-se quebrar coisas etc.

Aos 47 do segundo tempo, estou oficialmente fora do jogo.

40.

A mãe de todos os grupos

Pedrinho levou uma bronca na aula, vocês podem acreditar?

— Uma bronca? Como assim? De quem? Da professora?

— Essa mulher tá doida! Quem ela pensa que é?

— Pois é, olha só a petulância: Pedrinho estava feliz da vida contando para a Valentina sobre o iPad novo e a atrevida chamou a atenção dele. Vê se pode!

— Essazinha é muito insolente...

— Pedrinho chegou chorando em casa! A mulher fez meu Pedrinho chorar!

— Vamos fazer um abaixo-assinado! Isso não pode ficar assim!

Não é um vídeo do Estado Islâmico, não é um aúdio do PCC. É um diálogo no Grupo de Mães no

WhatsApp, a milícia da educação nacional.

— Vocês leram o livro recomendado pela escola?

— Menina! Que horror! E não é que o lobo come a vovozinha? Absurdo! Valentina não dorme há três dias! Fica me perguntando se tem lobo aqui na Gávea, se o lobo vai comer a sua avó! E o psicólogo dela de férias! Tô desesperada. Alguém aí tem Ritalina sobrando?

— Mas que falta de sensibilidade dessa professora! Não vê que são crianças! Crianças!

— Soube que na outra turma passaram um desenho animado velho e superviolento. Já no começo a mãe do veadinho leva um tiro! Matam a mãe do veadinho! Além de velho e violento, homofóbico!

— Foi bala perdida que matou? Foi? Essa violência tá incontrolável! Tão sabendo que tem quadrilhas rondando as escolas, né? Me passaram a notícia num outro grupo de Whats.

— Também recebi! Sequestram as babás e mandam pra China de submarino, depois vendem os órgãos pro Paraguai e com o resto fazem hambúrguer e salsicha. É verdade, tá na internet!

— Só as babás? Menos mal... Quer dizer, que absurdo... Esses chineses são capazes de tudo, dizem que são esquerdopatas e bolivarianos! Já li vários textos no Face sobre isso.

O corpo de baile do grupo é composto por mães normais, mas as solistas da companhia são sempre as sem noção e surtadas. São as que dão o tom. Algo entre a superproteção e o alarmismo, com um perfume inconfundível de reacionarismo pequeno-burguês.

— 'migas, e essa história de campeonato de futebol...? Pedrinho tá muito assustado! Ano passado ele foi quarto colocado e chorou sem parar na entrega dos prêmios... Tive que ir no shopping comprar um troféu pra ele ficar feliz.

— O professor de educação física é um ditador! Já falei mil vezes na escola que não deveria haver competição, muito menos vencedores, só medalha de participação.

— Isso! Senão fica um só feliz e o resto traumatizado! É muita crueldade! Como explicar para uma criança que ela não ganhou? Vamos fazer outro abaixo-assinado pra tirar esse professor desalmado!

— As crianças ficam abaladas pro resto da vida! Perdem a infância! Vi num site que isso já é uma doença diagnosticada, chama SDM, Síndrome da Derrota Mirim! Gravíssima! Nem Rivotril dá jeito! Tem que entrar direto no Prozac!

Para as solistas, o mundo existe para frustrar as crianças. A escola, então, nem se fala, só está lá para

estragar a vida dos pequenos. Para elas, a função do Grupo de Mães no WhatsApp é evitar essa tragédia.

— Gente, vocês não sabem: Valentina hoje foi tomar um picolé na cantina e o picolé caiu no chão!

— Que absurdo! Como assim?

— Caiu da mão dela! Do nada!

— Mas a professora não estava lá para pegar no ar? A escola não providenciou outro? O chão não era acolchoado e esterilizado? Que loucura!

— Coitadinha! Ela tá bem? Levaram pro Copa D'Or? Quer o contato do meu psicólogo? Quer Ritalina? Rivotril? Tenho Prozac infantil também, sabor morango, Pedrinho adora.

— A pobrezinha tá em estado de choque, é claro, diz que não quer mais tomar sorvete na vida! Na vida!

— Inacreditável! Como permitem que algo assim aconteça? E com a mensalidade que a gente paga!

— Brasil, né? Amiga minha que mora em Miami disse que lá isso jamais acontece.

— Isso aqui tá demais! Demais! Pra começar, tem que acabar com picolé na escola, é só problema, só frustração, sorvete só em copinho. E com pratinho embaixo, pra garantir.

— Isso, amiga, genial! Ainda bem que existe este grupo.

— Meninas, não vamos perder tempo: outro abaixo-assinado! Isso não pode ficar assim!

199

41.

A inteligência, o talento e a esperteza

A pelada já estava ficando cansativa, ao menos para mim. O vencedor seria quem chegasse a cinco gols, e não conseguíamos passar de três. Percebi que não tinha fôlego para mais, então tive uma ideia brilhante: vamos jogar por tempo! A Fifa chegou à mesma conclusão há mais de um século, afinal é mais prático e lógico jogar contra o relógio do que pelo placar. Na hora, a ideia me pareceu tão brilhante como inédita. Ainda mais porque o relógio estava comigo, o que impedia qualquer trapaça, ao menos do meu adversário.

A grande dificuldade de jogar com uma criança pequena é não cometer faltas. Especialmente quando a criança pequena é o seu filho, o que significa que qualquer dano, seja físico ou mental, vai correr por sua conta. Ao mesmo tempo, deixá-lo correr livre e solto, sem marcação, pode ser improdutivo, ele vai achar que é melhor do que realmente é.

Enquanto penso sobre essa questão fundamental, tomo dois dribles humilhantes. A teoria vai embora junto com a minha dignidade. Agora é guerra.

Temos a ingênua ilusão de que, ao declarar guerra num jogo com uma criança pequena, automaticamente iremos ganhar, seja pelo tamanho, pela experiência ou pelo repertório de truques sujos. Infelizmente, não é a realidade. Os dribles constrangedores, os piques vencidos e, principalmente, os gols nos colocam no devido lugar.

O fator tempo também não ajuda aos adultos, especialmente os de meia-idade, sem nenhum condicionamento físico. Depois dos primeiros dez minutos, você se sente como naqueles jogos da Libertadores, em que o adversário tem que jogar com um time boliviano a quatro mil metros de altitude. Sendo que, no meu caso, a necessidade de um balão de oxigênio acontece já ao nível do mar. Mais uma vergonha para a coleção.

Eis que faltam trinta segundos para o final do jogo e estou perdendo de quatro a três. Martín me pergunta quanto tempo falta. Digo que poucos segundos. Ele chuta a bola pra longe, muito longe. E fica rindo da minha desesperada corrida em câmera lenta rumo à derrota.

Se é inteligente, ainda não dá para saber. Se tem algum talento, espero que o tempo o revele.

Mas por falta de esperteza ele não morre.

42.

O trote no século XXI

Na tarde de tédio, de bobeira com os amigos, sem nada para fazer. Era quando surgia a ideia: vamos passar trotes! Era pegar o telefone e sair ligando para a padaria, pro bar, para aquela pessoa aleatória escolhida na pesada lista telefônica.

Ainda existirá lista telefônica?

Para um garoto de apartamento, criado jogando bolinha de gude no carpete e soltando pipa no ventilador, era o máximo de transgressão possível. Então devíamos aproveitar a oportunidade e ser criativos. Tinha que engrossar a voz e chamar algum funcionário inexistente de nome engraçado, perguntar se algo estava no ar e logo pedir para segurar ou simplesmente cair na gargalhada e desligar sem maiores explicações. A garantia do anonimato era algo fascinante, ninguém imaginava o futuro como um Big Brother.

Nesse tempo, era impossível saber quem tinha ligado. Até seria possível, acionando a polícia, a companhia telefônica etc., mas quem é que gostaria de passar tal recibo de mal-humorado?

O trote, quando inocente e bem-feito, era uma piada insuperável. Não à toa fez fama em tantos livros, filmes, desenhos animados.

Desenhos animados que, por sinal, o Martín acabou assistindo.

Eis que eu o vejo, em pleno século XXI, com dois amigos entusiasmados em volta de um celular. Quando três crianças estão rindo em volta de algo, preocupe-se.

— O que você tá fazendo no celular?

— Passando trote!

E os três caíram na gargalhada.

Nesse momento senti que o certo, o correto, o didático seria avisá-lo de que não existe trote em celular. É uma impossibilidade conceitual: o outro sabe o seu número, e o anonimato é a alma do trote. Posso dizer que até o corpo. Basta ligar de volta e dar uma bronca. Não precisa de companhia telefônica, muito menos da polícia. Aliás, desde a invenção do Bina, o trote estava condenado, mas quem sou eu para acabar com o entusiasmo de uma criança?

— Alô, é da padaria?

— ...

— Vocês trabalham com roupa?

— ...

— Então quer dizer que trabalham nus? Hahaha-hahaha!

E os três caem na gargalhada.

Imagino que o sujeito da padaria não vá ligar de volta. Seria passar recibo de mal-humorado. Ou talvez a companhia telefônica e a polícia já tenham automatizado sua atuação nesse quesito e um oficial de Justiça virtual apareça para trazer a intimação.

Espero que o juiz seja bem-humorado e do século passado.

43.

Palmatória?

Houve um tempo em que dar a mão à palmatória era algo bem mais doloroso do que uma expressão batida. Nas escolas valia o errou-levou, nada de banquinho da disciplina ou cantinho da reflexão, só palmada, reguada ou joelho no milho. Uma dureza. Qualquer bagunça ou resposta atravessada e a coisa ficava feia pro aluno. Mas o tempo passou e por sorte as escolas mudaram seus métodos, suas práticas, e o castigo físico ficou para trás. Virou artigo de museu, igual ao bom-dia, ao por favor e ao obrigado.

A educação melhorou com o fim dessa crueldade anacrônica?

Valentina vive atracada ao celular. Com sete anos já tem o próprio iPhone e acesso à internet e ao WhatsApp. É lá que ela passa o dia trocando fotos, áudios, vídeos com outras — quanta ingenuidade — crianças. No começo, os pais da Valentina eram contra, mas uma amiguinha ganhou o seu e eles não queriam a Valentina traumatizada por não ter algo que a amiguinha tem. A mãe às vezes pede para a filha largar um pouco o celular, aí a Valentina ameaça não gostar mais dela e a mãe, aterrorizada com essa possibilidade, pede desculpa e finge de morta. Já o pai até pergunta o que ela anda compartilhando, mas basta a menina responder que não é nada demais que ele se dá por satisfeito e volta para os seus assuntos. Valentina leva o celular para a escola e fica chateada quando ele é confiscado pela professora. Seus pais acham isso um absurdo — a professora proibir celular, não a Valentina tentar postar selfies durante a aula — e logo devolvem o aparelho para a menina. Quem essa professora pensa que é, reclamam indignados.

Enzo está sempre zoando as aulas. Ele tem dez anos, é um menino esperto e tem por hobby tocar o terror na escola. Um garoto adorável, segundo os próprios pais, um satanás, segundo os colegas. Antes de o Enzo nascer, os pais dele tentaram um jardim de cactos e um aquário, mas ambos davam muito trabalho e foram abandonados. Resolveram então ter um filho, por-

que na época isso era meio que modinha entre os amigos. Ao descobrir que criança dá ainda mais trabalho que cactos ou aquários, entregaram o pequeno Enzo para um batalhão de babás de dar inveja ao príncipe George. Enzo, sempre esperto, logo percebeu que as babás não o contrariavam para não perder o emprego e começou a dar as ordens. Como os pais trabalham doze horas por dia — para pagar o batalhão de babás —, em casa é ele o rei. Na escola também quer mandar em tudo e acha que os professores são babás sem uniforme. Os pais, atarantados, estão esperando que o lançamento de algum app para educar filhos solucione o problema. A tecnologia vai resolver tudo, pensam conectados.

Talvez seja a hora de voltar para a palmatória e os castigos.

Não para crianças como o Enzo ou a Valentina, isso seria uma crueldade anacrônica.

Para os pais delas.

Deram um celular para uma criança pequena? Dez palmadas em cada. O filho não respeita professor? Pais ajoelhados no milho por meia hora. Terceirizaram a educação do filho e ficam reclamando do comportamento dele? A tarde toda de chapéu de burro no canto da sala.

E a escola ainda pode cobrar dos pais um extra pela lição. Vai custar mais barato do que psicanalista pro Enzo, *coach* pra Valentina e autoajuda para todos.

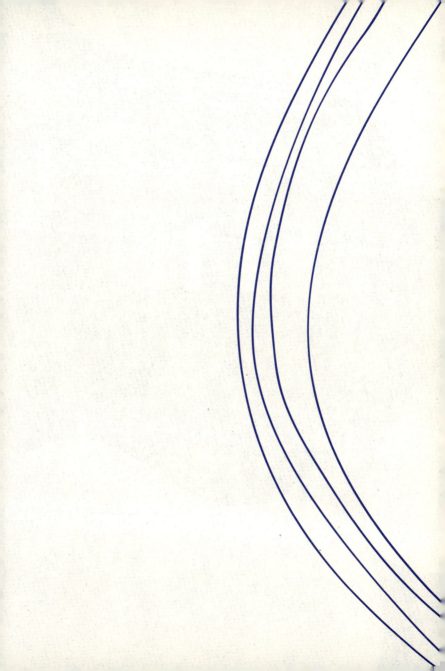

44.

Quem liga pra mim?

O diretor fala na reunião matinal. Os meus três neurônios tentam decodificar as ideias por trás do corporativês do seu discurso, mas é quase impossível a compreensão. É nesse momento de desespero que toca o telefone. De casa. Atendo, pode ser algo grave, um acidente. O diretor me olha com desprezo.

— Papai, tem um jogo no PlayStation que tá de oferta, só cinquenta reais. Compra pra mim? Eu preciso muito. Compra! Compra!

O certo seria dizer não e desligar na cara do Martín para que ele aprenda a não interromper o trabalho do pai. Mas desligar na cara do filho pode gerar um trauma. Quem conserta trauma é psicanalista e psicanalista custa caro. Mais barato responder. Tento ser delicado, explico que papai está trabalhando etc. Não funciona. Vou no método que custa caro.

— De jeito nenhum. Perdeu, playboyzinho.

Depois do almoço, estou no meio de um trabalho importante, o prazo para entrega vence em algumas horas. O telefone toca de novo: é a minha mãe. A culpa judaico-cristã me impede de dar um toco. Vai que é uma emergência?

— Preciso de um Uber para me levar no chá das minhas amigas.

A minha mãe acha o Uber muito prático, especialmente porque o Uber dela sou eu. Tentei ensiná-la a usar o aplicativo, não deu certo, então tive a infeliz ideia de dizer para ela me ligar sempre que precisasse de um. O que, por coincidência, acontece invariavelmente no meio do trabalho. Ela aproveita a ligação para me perguntar que trabalho é esse que estou fazendo, se estou vestido adequadamente, se estou me esforçando, se dei bom-dia para todos e, claro, se comi todas as verduras no almoço. Consigo pedir o Uber antes que ela entre no assunto de fazer um concurso para o Banco do Brasil.

O trabalho que tenho que entregar vai ter que ser todo modificado porque o diretor, aquele do primeiro parágrafo, teve mais uma ideia. Tenho que correr.

Martín liga outra vez. Agora avisa que já tem a senha do meu cartão, basta eu autorizar que ele compra.

A senha do meu cartão?

A grande habilidade do menino é descobrir senhas. Em outros tempos eu estaria muito preocupado, mas hoje em dia sou pragmático, com a reforma da previdência pode ser que eu precise dessa habilidade para me garantir uma aposentadoria digna.

Nem tudo está perdido, ao menos me resta alguma autoridade: ele ainda pede a minha autorização. Explico que, se ele usar o meu cartão, algo muito ruim vai acontecer com ele, com a família, com os pandas e os coalas. Digo isso e desligo. Ele sabe tudo de senhas, eu sei algo sobre culpa.

Faltam quinze minutos para o prazo.

A minha mãe liga de novo. Reclama do carro que mandei. Se mando um Uber X ela diz que eu não gosto dela, só um filho ingrato manda um carro velho para a própria mãe. Se mando um Uber Black ela reclama que estou desperdiçando dinheiro, que ela não criou os filhos para serem perdulários exibicionistas. Ela também sabe tudo sobre culpa.

Consigo entregar o trabalho em cima da hora. Estou salvo, ao menos por hoje.

Em casa, o Martín já se conformou com o não para o videogame e quer brincar comigo. A minha mãe liga para contar como foi o chá com as amigas.

Amanhã eles vão telefonar por outros motivos. Vou atender. A verdade é que é bom.

Ruim é quando ninguém liga pra gente.

45.

Chocotone

Drogas, tô fora. Sexo? Já foi o tempo. Black Friday? Ha, ha, ha, nem aí. Quando já acho que estou levitando na minha santidade franciscana, imune a todo tipo de tentação, o capeta dá o xeque-mate: reaparecem os chocotones nos supermercados.

Maldito Natal.

Quando eu era criança, só existia o panetone tradicional, aquele com passas, as malditas passas que sempre detestei. Mesmo tarado por panetone, o trabalho de tirar as passas era tão grande que não valia a pena o esforço. Hoje posso dizer que foram essas passas que me livraram da obesidade mórbida. Mas aí o capeta, mais uma vez ele, inventou de tirar as malditas passas e colocar chocolate no lugar. Danou-se.

Surgiu o chocotone, a minha kriptonita alimentar.

Imagino que as pessoas normais compram um na semana do Natal, levam para casa, comem uma pequena fatia após uma refeição nutritiva e balanceada e guardam o resto para o dia seguinte.

Infelizmente eu não sou normal.

Já vou abrindo o pacote no percurso para casa, comendo com sofreguidão pela rua e, quando enfio a chave na porta, metade ficou no caminho. A outra desaparece num frenesi calórico. Em minutos só restam algumas migalhas e muito remorso.

É exatamente nesse momento que minha mãe liga. Ela é uma espécie de Chico Xavier, só que a mediunidade dela só sintoniza na minha culpa. Basta eu enfiar o pé na jaca, no caso no chocotone, que ela percebe até do outro lado do mundo.

— De novo? Nem uma hiena consegue digerir tanta porcaria assim. Você vai acabar numa ala do museu de história natural. E nem vai ser o de NY, vai ser aquele da Quinta da Boa vista mesmo, junto da múmia estropiada. Vai envergonhar sua família até depois de morto.

Enquanto levo bronca da minha mãe chega o Martín, que percebe os restos mortais do chocotone. Alguém comeu alguma coisa doce e não deu nada pra ele, pelo Estatuto da Criança e do Adolescente deve

ser crime inafiançável, e o menino sabe disso. Fico es-
premido entre o ódio de duas gerações, levando sabão
pelas duas orelhas.

Termino solitário na cozinha, arrependido, chafur-
dando no remorso. Eis que surge outra vez o capeta,
lembrando a única cura para a culpa.

Outro chocotone.

46.

Numa galáxia muito distante

Na estreia do primeiro, eu estava lá. A fila dava voltas no quarteirão. Talvez tenha sido no Roxy, ou no Caruso, não me lembro bem, mas lembro, sim, de ter chateado muito o meu pai para ir. Ele era fã de Flash Gordon. Esse, sim, era um herói, dizia, as dele são verdadeiras aventuras espaciais. Flash Gordon era raiz. Tentou desde cedo me catequizar para os seus quadrinhos, mas eu achava aquilo coisa de dinossauro, parecia que falava de algo acontecido havia muito tempo, não do futuro. A pilha de revistinhas e os sermões diários não adiantaram muito. Foi mais um esforço inútil, eu só queria saber do futuro.

Para a minha geração, *Guerra nas Estrelas* foi um marco. Nunca tínhamos visto nada igual. Luke Skywalker virou um herói, o nosso herói, assim como

Darth Vader virou o nosso vilão. Veio *O império contra-ataca*, *O retorno de Jedi* e outros tantos. Posso dizer que passei uma parte da adolescência entre Tatooine e a Estrela da Morte e que considero C-3PO e R2-D2 amigos pessoais, sem contar Yoda, Han Solo e a Princesa Leia.

E, claro, o importante era ter a Força.

Desde que nasceu, o Martín foi cercado de todo tipo de gadget da saga: pijama do Luke, mochila do Darth, Millennium Falcon para montar, luminária da Estrela da Morte e as trilogias rolando em looping na TV. É até estranho que a primeira palavra dele não tenha sido "Luke, I'm your father" em vez de um singelo "papai".

Também é óbvio que, quando estreou *O despertar da força*, em 2016, o coitado foi convocado a prestar sua primeira deferência à série no cinema. E com direito ao pacote todo: cinema 3D, Imax, pipoca giga e refrigerante mega. Já na música do John Willians e com o texto passando em perspectiva, eu estava arrepiado. Olhei em volta e vi que a maioria ali era de quarentões com filhos pequenos. A Força continuava conosco.

Os tiozões toda hora virando para os filhos para explicar cada detalhe, cada referência. As crianças com o desinteresse natural de quem pegou o bonde — de um passado muito, muito distante — andando.

Até que chega o momento do filme em que o Han Solo volta — com Chewbacca — ao Millennium Falcon. "Chewie, estamos em casa", diz. Eu, e todos os pais quarentões, esguichamos lágrimas como se fôssemos um chafariz. Martín e as outras crianças sem entender nada, achando, no máximo, um tédio.

Voltamos para casa num certo silêncio. Eu, chateado com a heresia dele de não se entusiasmar por algo tão importante e fundamental como as aventuras dos Jedis. Ele, de saco cheio por ter que perder tempo com aventuras enferrujadas de tiozões.

No fim do dia, de saco cheio de tanto *Star Wars*, Martín ousa dizer que *Vingadores* é muito melhor. Um sacrilégio digno do Jabba, the Hut. Eu faço, indignado, um discurso dizendo que Luke é raiz, ao contrário dos Vingadores Nutella dele.

Em algum lugar de uma galáxia muito, muito distante, Flash Gordon deve estar morrendo de rir.

47.

Ainda é outono

São sete da manhã e as maritacas do Jardim Botânico começam a sua algazarra, agora sem a concorrência dos carros, das britadeiras e das conversas na rua. Eu deveria esquecer os problemas e dar mais atenção aos passarinhos, assim como aos dias de sol e céu azul que tem feito. Mal me dou conta de que estamos no outono.

Ao levantar, confiro o celular e logo aparece um tsunami de informações sobre a pandemia: mensagens contando sobre casos próximos, amigos descrevendo dificuldades e grupos de WhatsApp tentando encontrar alguma perspectiva no caos. Largo o telefone para ler os jornais e a realidade, agora maior e mais organizada, cai sobre a manhã: estatísticas dispararam, hospitais não dão conta, a saúde entra em colapso.

Tomo café com meu filho, que está contrariado porque a professora pediu muitos deveres de casa. Preferia passar o dia jogando videogame com os amigos, confessa, aproveitando para contar sobre um campeonato que sonha vencer. Como pai, me sinto na obrigação de conectá-lo com o mundo e leio as manchetes em voz alta e grave, mas o menino é impermeável à tragédia. Até ouve com alguma atenção e noto que, aos dez anos, há, sim, solidariedade com os que passam dificuldades, mas, muito mais, existe a certeza de que tudo vai acabar bem. Insisto nas notícias, como se o otimismo ingênuo fosse uma ofensa aos acontecimentos lá de fora.

Ele vai para os deveres, eu, para o computador: tenho esta coluna para terminar, um livro para entregar. O isolamento deveria ser produtivo para quem escreve, no entanto, me sinto anestesiado pelo fluxo incessante de notícias ruins. É como um transe, uma *bad trip* da qual não consigo me livrar, mesmo quem não está doente enfrenta uma névoa angustiante no ar. Indiferente à melancolia, Martín aparece no escritório. Quer saber onde fica um país distante para a aula de geografia. Mostro no mapa. A gente pode um dia ir lá? Mesmo sem resposta, ele faz planos detalhados.

No almoço, mais uma vez esbarro em sua alegria, contente que está por ter acabado as tarefas e ter a tarde para ficar on-line com os amigos. Também tenho conversas virtuais, mas para mim é pouco, me falta a imaginação de criança para inventar o que não está presente e me sobra o peso da memória dos encontros. Volto ao computador e tento arrancar alguma lição valiosa do que está acontecendo, mas a desolação não me permite ir em frente. Ouço na sala as conversas do meu filho com os amigos e vejo o entusiasmo e a criatividade para subverter o que vem de fora. Mais tarde, ele vai para a janela se divertir com o som das panelas que batem, enquanto eu, cansado e sem muitas esperanças, afundo nas notícias do *Jornal Nacional*. No fim da noite, passo pelo quarto e ele já está dormindo, entre super-heróis e bichos de pelúcia. Na televisão ainda ligada, passa um filme dos *Vingadores*.

A ansiedade, o medo e a apreensão pelo que acontece no mundo não me deixam pegar no sono. Volto ao quarto do Martín, fico olhando ele dormir e, no silêncio e no escuro, quase posso ver os seus sonhos. Logo vai sair o Sol e, na manhã azul, as maritacas voltarão a fazer seu alvoroço. Ainda é outono.

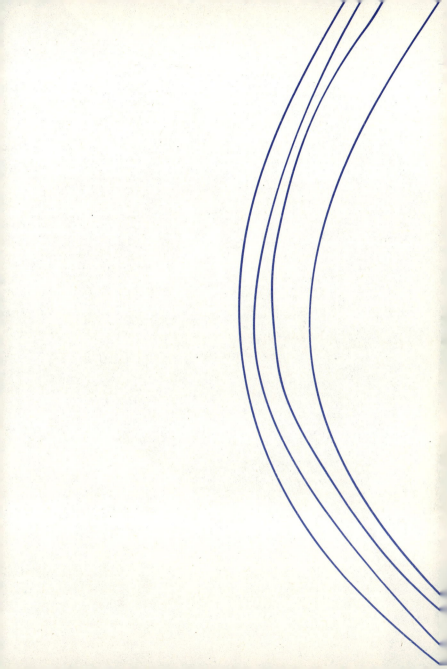

48.

Conheci um mundo imenso nas asas do DC-3

Com o meu tamanho, só conseguia ver, pelo para-brisa, o céu azul e as nuvens. Aos lados, acima e na frente, um mundo de botões, alavancas e pedais, esperando para serem virados, puxados e apertados. Bastaria conferir todos aqueles instrumentos e comandos, puxar o manche e sair voando, para a frente e para o alto, até chegar ao céu. Nada ia dar errado. Como cantou Milton, o medo na minha vida nasceu muito depois. A primeira aventura seria dar umas voltas por cima de Copacabana e acenar para os meus amigos. Depois, meu plano era tirar uma reta em direção ao oceano, passar pelas Cagarras, pela África e seguir viagem, sem rumo. Tinha tempo e vontade, e um menino de sete anos sentado no lugar do comandante pode tudo.

O lugar do piloto era o mais disputado do DC-3 da Varig que ficava no Aterro. Você tinha que aguardar muito e a brincadeira durava pouco, havia muitos meninos e meninas que também queriam pilotar o avião. Valia a pena. Ainda na espera surgiam dúvidas: como o avião foi parar no Aterro? Será que algum piloto fez um pouso de emergência e o abandonou? Será que estão esperando uma criança criativa o suficiente para tirá-lo de lá? Só precisava de um pouquinho de imaginação para sair voando por aí em aventuras dignas do Capitão Aza. Imaginação que aqueles meninos e meninas tinham de sobra, cada um com seus planos e aventuras, prontos para descobrir, à sua maneira, o mundo.

Mas um dia levaram o avião embora, para se aposentar no Galeão. Eu, quase adulto, nem reparei, não tinha mais tempo de brincar. O DC-3 virou só uma recordação.

Hoje viajo cada vez mais, em aviões mais rápidos, modernos e confortáveis do que aquele, mas agora me preocupo é com os horários, quero saber se vou chegar a tempo, se tem atraso ou se o voo vai enfrentar turbulências. Tem vezes que até sento no corredor e mal olho pela janela, não me importando se o céu está azul ou tem nuvens, apenas preocupado com meus problemas lá de baixo. Pela cabine do comandante passo longe, com medo de esbarrar em algum botão ou alavanca e causar um acidente. Não posso fazer nada de errado, tenho muitos compromissos e obrigações. Acho que os meninos e meninas que brincaram comigo no avião do Aterro também têm, agora somos todos adultos, sem tempo para imaginar aventuras.

Na semana passada, o DC-3 da Varig desapareceu de vez, despedaçado por uma escavadeira. Parece que o lugar que ocupava no Galeão era mais valioso que suas memórias, e os atuais donos resolveram cortá-lo em pedaços, para se livrar do avião sem muito esforço.

Sei que, em tempos de água suja e epidemias, a minha nostalgia pode parecer aos leitores mais pragmáticos uma grande perda de tempo, nada é mais inútil do que a saudade de um tempo que passou. Talvez tenham razão, já sou velho demais para ilusões infantis.

Mas é que imaginei que um dia ia rever o velho DC-3 em algum cantinho do Galeão ou mesmo em algum outro parque à beira-mar. Na verdade, achei que nesse dia ia reencontrar, dentro dele, no lugar do piloto, aquele menino que queria sair voando, para a frente e para o alto, até chegar ao céu.

49.

Vai passar

ão foi uma simples derrota. Foi uma goleada humilhante. Não, não estou falando do 7x1 na Copa de 2014, e sim do 8x2 nas quartas de final da Champions League de 2020. Uma lavada do Bayern sobre o Barcelona. O pior veio depois.

Messi disse que ia embora do time.

Martín nasceu em 2009, no auge do time catalão. Também foi um grande período para o Fluminense, nosso time, campeão em 2010 e 2012, mas essa fase tricolor não durou muito, e quando o Martín estava começando a se entender com o futebol, lá pelos cinco ou seis anos, o Fluminense já estava indo de mal a pior. Continuamos torcendo, afinal o time é pra sempre, quase uma maldição. Com a seleção, a mesma coisa, sendo que seleção é um jogo a cada tanto e a última

Copa com o Brasil campeão foi em 2002. Já o Messi e o Barcelona, ah, esses eram sempre um espetáculo. Todo fim de semana faziam o seu show e a nossa alegria.

Foi assim que ele cresceu com a noção de que, houvesse o que houvesse, Messi e o Barcelona estariam sempre por cima. Nunca seriam humilhados como a seleção, nem seriam motivo de chacota, como o Fluminense fugindo do rebaixamento.

Até o 8x2 do Bayern, até o Messi anunciar a sua saída.

Foi nesse momento de decepção profunda que, nem tanto por ser pai, mas por ser mais velho, tive que explicar algo muito etéreo em apenas duas palavras: tudo passa.

Pro bem ou pro mal, tudo passa.

Martín custou a aceitar: Mas o Barcelona sempre ganhou tudo! Messi disse que amava o clube. O que houve?

Os jogadores envelhecem, já não conseguem correr como antes, os outros times aprenderam a jogar contra, o futebol vai mudando, Messi prefere tentar outro clube e... Aos onze anos, num exemplo quase banal, ele se deu conta da transitoriedade das coisas e da vida. Não, ele não vai ficar a vida toda jogando videogame, comendo sorvete e zoando com os amigos.

Muita informação para uma derrota humilhante, para uma despedida.

Para aliviar um pouco o peso da metafísica da derrota e das despedidas, expliquei que existe um outro lado. Nenhum sofrimento, nenhuma dor, é pra sempre: assim como a alegria de um time vai embora, a solidão que a ausência dela traz também.

Quando você é criança, tudo parece eterno e o futuro é lá, mas muito lá na frente.

Acho que a conversa com ele abriu uma avenida nos seus pensamentos. Não sei se era o momento certo. Nunca é.

No fim, Messi decidiu continuar no Barcelona por mais um ano. Mudou de ideia.

Nada é para sempre.

50.

Embrulhando o peixe

Martín entra no escritório.

— Papai, o que você está fazendo?

— Escrevendo um texto para um jornal.

— O mesmo que você usou para matar a barata voadora?

— Aquele era antigo. Jornal, todo dia tem um novo. O que você já leu, tá lido, pode usar para matar barata voadora.

— Jornal só dura um dia?

— Só. No dia seguinte, já tem outro.

— Então é igual ao stories do Instagram. Sobre o que você está escrevendo?

— Sobre um menino de oito anos.

— E o que ele faz?

— Perguntas, um montão de perguntas.

— Só isso? Ele não faz mais nada? Ele não pode ser um super-herói? Tipo o Homem de Ferro ou o Batman? Eu gosto de super-heróis.

— Pode.

— E Cavaleiro Jedi?

— Também pode, mas não exagera, vai! O menino só tem oito anos. Ele não estuda? Não vai pra escola?

— Então, ele pode ser super-herói depois da aula, na escola ninguém sabe, é uma identidade secreta. Todo super-herói é assim. Ele sai da escola, troca de roupa, acaba com os vilões e volta pra casa.

— E o que mais ele faz?

— Além de super-herói, ele é youtuber, tem milhões de seguidores. E joga futebol. No Barcelona, no PSG e no Real Madrid também.

— Ele joga em três times ao mesmo tempo?

— Papai, dãããã, é super-herói, tem muitos poderes.

— E, com tanta coisa pra fazer, a que horas esse super-herói dorme?

— Bem tarde, tipo dez, onze horas. O pai dele não é chato, deixa ele jogar videogame até tarde.

— ... e a mãe, que também não é chata, deixa ele comer hambúrguer com batata frita no almoço e no jantar?

— Isso mesmo! Como você adivinhou? Você tem algum superpoder?

— Você acha que os leitores vão gostar da história de um menino de oito anos que é um super-herói disfarçado?

— Ué, claro, todo mundo quer ser super-herói.

— E se não gostarem?

— Aí eles podem usar o texto como um sabre Jedi, para matar as baratas voadoras.

— Então vou escrever a história.

— Só não diz quem é o menino, não entrega a identidade secreta.

— Por quê?

— Porque eu gostei dele, quero que dure mais que um dia.

51.

Tocando a real

Estamos voltando do clube.

— Papai, você sabe que eu quero ser jogador de futebol, né?

Não é a primeira vez que ele diz isso, e mais uma vez me finjo de morto.

Tem duas coisas com as quais você precisa se vigiar constantemente com um filho: palavrão e sincericídio. Palavrão é óbvio, tudo que ele ouvir de você vai repetir por aí, e a quantidade de situações constrangedoras que advêm desse fato é imensa. Sincericídio é algo que vai custar caro à vista e a prazo, já que você tem que lidar com as consequências pelo resto da vida.

Não é que ele jogue mal, joga até bem, vai fazer bonito na escola, na faculdade, no jogo entre casados e solteiros, na pelada da firma. Daí a ganhar a vida com isso, acho difícil. Mas eu vou levando a questão na maciota, pra não decepcionar o menino.

— Como é que faz pra jogar num time grande, tipo o Fluminense?

Explico que ele pode continuar jogando no clube e se ele for muito bom, muito bom mesmo, mais cedo ou mais tarde ele acaba num time grande.

— Mas quando é que eles vão saber que eu existo?

Esse é um pensamento recorrente que tenho, só que em relação à Gisele Bündchen. Quando é que ela vai saber que eu existo? Deixa pra lá. Explico pro Martín que os clubes grandes, como o Fluminense ou o Flamengo, têm olheiros, que ficam atentos aos bons jogadores, onde estiverem. Um grande talento nunca passa inadvertido, acrescento com gravidade. A explicação funciona, ele parece conformado. Continuamos caminhando.

— E o Barcelona? Será que o olheiro deles tá por aqui e vai me levar para lá?

A pergunta me pega distraído, estava concentrado no meu pensamento recorrente. Respondo de bate-pronto, sem pensar:

— Você no Barcelona? Nem por um caralho!

Consegui juntar palavrão com sincericídio. Isso, sim, é talento. Espero que um dia a Gisele Bündchen fique sabendo.

52.

Nosso mundo

—Papai! Papai! O RezendeEvil vai hoje nessa Bienal do Livro! Você me leva?

RezendeEvil é um youtuber. A Bienal é no Riocentro. A combinação dessas palavras é assustadora para qualquer pai. As outras que entram só pioram o quadro: cinco da tarde, véspera de feriado e distribuição de senhas.

Uma roubada, horas na fila, horas no trânsito. Pra quê? Ano que vem já não vai lembrar quem foi o RezendeEvil, é só uma fase e, além disso, preciso editar uma sessão de fotos para entregar amanhã. Se for à Bienal de tarde, vou ter que passar a madrugada trabalhando.

— Vamos, papai? Vamos? Papai? Vamos? Papai? Vamos?

Como imaginei, o trânsito está horrível, um engarrafamento sem fim. Martín começa as perguntas, a curiosidade dele é igual ao engarrafamento.

— Papai, um dia o nosso mundo vai acabar?

Hummm.... O mundo... O mundo depende do Sol, e o Sol ainda vai durar muitos bilhões de anos, o hidrogênio do núcleo... Não consigo terminar a explicação, logo vem uma pergunta sobre leões e hienas. E depois outra querendo saber quanto mede o menor homem do mundo.

— E o maior?

A Bienal está lotada. Conseguimos a senha/pulseira, que ele exibe orgulhoso. Nos corredores circulam as excursões de colégios, multidões de adolescentes correndo e gritando. Martín fica fascinado com a agitação dos meninos grandes, mas ao mesmo tempo tem medo da confusão, então segura a minha mão com força para não se perder. Vamos para os livros, onde sempre tem calmaria. Tento convencê-lo a levar alguma história educativa, mas ele bate o pé num caderno colorido que vem com uma caneta de tinta invisível.

— Vai ser o meu diário secreto, só eu poderei ler.

A gente senta para tomar um sorvete e ele já pega o caderno. Escreve que vai encontrar o RezendeEvil, que vai ser youtuber e jogador de futebol. Astronauta também, se der tempo.

A tinta da caneta não é tão invisível assim.

Chega a hora do youtuber popstar. É um rapaz simpático, articulado, que, se não diz nada extraordinário, ao menos não fala bobagens ou palavrão. Martín ouve como se estivesse no Oráculo de Delfos. Está fascinado, frente a frente com seu ídolo. Durante uma hora ele não pisca.

Na saída, paramos para um lanche e, entre batatas fritas, hambúrgueres e milk-shakes, ele escreve no diário que este é o dia mais feliz da sua vida.

Até agora, acrescenta no fim.

No caminho de volta, mostro que tem Lua cheia no céu. Martín olha e pergunta:

— Papai, por que a Lua não cai na Terra?

Hummm... a Lua... A Lua está rodando em volta da Terra, a gravidade é a que a mantém por lá, é ela que segura o universo no lugar... As estrelas e as galáxias, por exemplo... Olho para trás e ele já está dormindo, abraçado ao diário.

Sigo pela Avenida das Américas, sob a Lua cheia, rumo à longa noite de trabalho.

Daqui a pouco o cansaço pela madrugada em claro vai passar, o RezendeEvil vai se tornar uma recordação

e o Martín não vai mais me chamar de papai, muito menos segurar a minha mão.

Tudo isso vai passar.

Mas nosso mundo, a Lua e este dia, escrito para sempre em tinta invisível, esses ficarão.

53.

Capitão Cotidiano

São oito da manhã e a família está tomando tranquilamente o café. De repente a paz é quebrada: acabou o açúcar, exclama a mulher. Como vou tomar o meu café, pergunta, indignada. Preciso adoçar o meu leite, exige o filho, categórico. O que fazer para resolver a catástrofe que se instala na mesa?

Ele corre para o quarto e veste seu uniforme: uma camiseta de banda puída, o short de jogar futebol e um par de chinelos que um dia foram havaianas. O Capitão Cotidiano está pronto para mais uma missão!

Numa velocidade supersônica, ele voa para o mercadinho da esquina. Sua visão de raio X lhe permite enxergar de longe o corredor onde está o açúcar e é de lá mesmo, por telepatia, que ele já vai avisando à caixa que é no crédito, não no débito. Em minutos, regres-

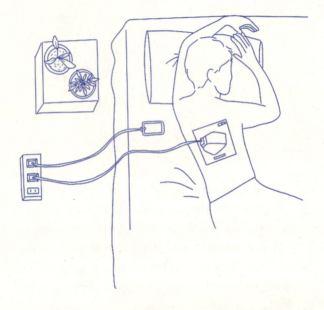

sa ao lar. O café da manhã da família está salvo! Capitão Cotidiano, o super-herói doméstico, resolveu mais uma missão quase impossível.

Ao contrário dos seus colegas fanfarrões e espalhafatosos, como o Super-Homem, a Mulher-Maravilha e o Batman, que só querem saber de acontecimentos midiáticos e espetaculares, o Capitão Cotidiano se ocupa das irrelevâncias do dia a dia. Ele é um super-herói minimalista, que dedica seus superpoderes às pequenas e descartáveis façanhas. Enquanto os outros salvam a Terra, a humanidade e a civilização cristã-ocidental, o Capitão Cotidiano só quer salvar o dia.

Descendo no elevador, a superaudição do Capitão Cotidiano capta a conversa na portaria: é o vetusto vizinho do 602, o arquivilão do prédio, discursando para o porteiro. Ele reclama do barulho das crianças no play, dos empregados no elevador social e exige, pela milésima vez, crachá para os entregadores. Com seu poder de invisibilidade, o Capitão consegue passar incólume em direção à garagem, evitando ser alugado por horas pelo irritante malfeitor. Supersolidário, imita o alarme de um carro para que o porteiro tenha uma desculpa para fugir. Outra proeza do nosso herói!

Seu filho liga no meio da tarde: o wi-fi da casa caiu. Ele quer uma solução imediata, está no meio de um campeonato de *Fall Guys* no videogame. O Capitão Cotidiano não faz ideia do que é *Fall Guys*, mas usa sua superempatia — um superpoder quase extinto — para perceber que é algo muito importante. Com a sua perspicácia sobre-humana, ordena ao filho que tire o modem da tomada, espere trinta segundos e coloque de novo. Sucesso! Mais um desastre evitado.

No fim do dia, depois de uma jornada épica de aventuras e desafios, ele finalmente vai dormir. A sua

259

supermemória — sempre alerta — evita mais uma calamidade: o boleto da escola vence hoje! O Capitão Cotidiano corre como um raio para o computador e, faltando dois minutos para a meia-noite, consegue, com a sua extraordinária habilidade cibernética, pagar a conta no prazo, sem multa. Ufa! Mais uma. Agora, sim, o paladino da rotina pode descansar.

Amanhã será outro dia e muitos desafios esperam o Capitão Cotidiano: o controle remoto desaparecido, uma DR bem na hora do jogo, o grupo de WhatsApp levando a sério uma fake news bizarra. Para o alto e avante, dirá, baixinho, enquanto tenta achar uma tomada para recarregar o celular.

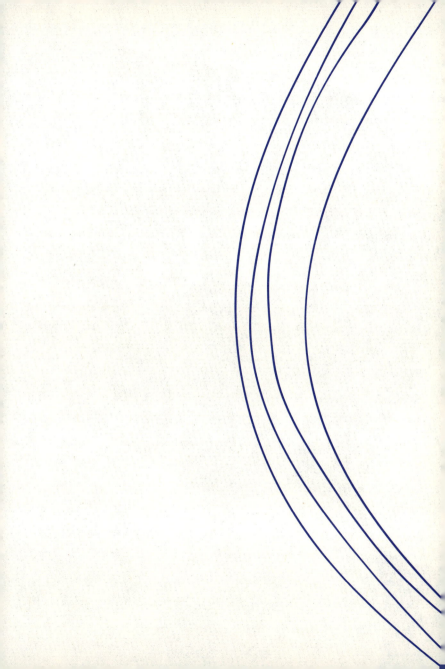

54.

O tempo que temos na mão

O sinal da Jardim Botânico com a Maria Angélica fechou, os carros pararam e, quando íamos atravessar, o Martín, pela primeira vez, soltou a minha mão. Ele olhou para os lados, fez uma cara séria e foi, sozinho e decidido, cruzando as faixas brancas, a caminho do lado de lá.

Foi só um pequeno gesto de um filho aos oito anos, mas para o pai, que ficou com a mão solta no ar, foi um grande choque. A gente tem a ilusão de que os filhos vão precisar sempre de nós para comer direito, se vestir, lembrar da hora e, é claro, atravessar a rua. É uma ideia aconchegante, que dá todo um sentido para a vida. A nossa, não a deles. Quando o Martín me largou foi como se o futuro, lá na frente, desse uma piscada para mim: esse menino daqui a pouco vai ser um adolescente, depois um homem e, no futuro, aquele lá na frente, é ele que vai estar segurando uma criança pela mão, preocupado se os carros vão parar no sinal.

Será que nesse dia, lá na frente, ele ainda vai precisar de mim?

Do instante no sinal não vai ficar a minha melancolia, mas, sim, a alegria dele por largar a mão do pai pela primeira vez. Será um desses momentos da infância que ficam guardados no fundo da gaveta, na caixinha das joias. Outros tantos serão esquecidos pelo caminho e é natural que seja assim, diz a cabeça, enquanto o coração fica apertado, com saudade do que já foi, de atravessar — ainda ontem — essa mesma esquina com um carrinho de bebê, mostrando para o Martín o sinal, os carros, a faixa e avisando do perigo de atravessar a rua sozinho.

Uma das coisas que os pais aprendem rápido com os filhos é que o tempo passa voando.

Dias depois, levei o meu pai ao cinema. Ele tem oitenta anos e está com Alzheimer. Ver um filme é uma das coisas que ainda o diverte, mesmo esquecendo cinco minutos depois. A memória dele é como um trem que vai embora devagar, o que ele ainda lembra hoje já não vai lembrar amanhã. Ainda assim, parece feliz com as poucas recordações que lhe restam, a tristeza fica com a gente, que fica na estação vendo ele ir embora. O que eu mais queria é que ele estivesse bem, que ele conseguisse ler esta coluna, que me explicasse o que se faz quando o filho larga a sua mão pela primeira vez.

Eu queria ele de volta.

Escolho um filme de super-heróis, porque coisas mais complicadas ele já não consegue acompanhar. O filme está em terceira dimensão, então preciso explicar várias vezes por que ele está usando óculos escuros dentro de um cinema. Ele esquece o que eu disse, olha para mim de óculos escuros no meio da escuridão e começa a rir. Eu também acho graça, e nesse instante que rimos juntos a caixinha de joias se abre no fundo da minha gaveta e eu vejo o quanto a gente já foi feliz.

O filme começa e ele fica fascinado com a terceira dimensão na tela, até que chega aquela cena clichê que tem em todo filme 3D, quando voam pedras, balas ou mísseis na direção da plateia. Meu pai, que já tinha esquecido que aquilo era só uma ilusão de óptica, é pego de surpresa e, vendo as pedras vindo em nossa direção, leva a mão à frente.

Não na frente dele. Na minha.

E nesse pequeno gesto de um pai aos oitenta anos me dou conta de que, aconteça o que acontecer, a gente sempre vai precisar um do outro.

55.

Mães

—Moço, segura o elevador, por favor! Meu filho já tá vindo.

Fico com o dedo no botão, aguardando. Fui ao prédio da Barata Ribeiro pegar um livro na casa de um amigo e ainda era cedo.

Só mais um segundo, pede a mulher, aflita, com a porta do apartamento aberta. Achei que surgiria um garoto com uniforme de colégio, mas quem aparece é um rapaz de terno e gravata.

Entram os dois.

— Desculpe fazer o senhor esperar, é que hoje é o primeiro dia de trabalho dele, vai pegar muito mal chegar atrasado.

A mãe deve ter a minha idade; o filho, uns vinte e poucos. Ela num vestidinho simples; ele, de terno novo, com o nó da gravata torto e uma mochila adolescente no ombro.

— Esse nó da gravata não tá bom, meu filho, faz de novo!

— Mãe, não sei dar nó em gravata direito.

— Desse jeito tá muito feio, parece desleixo.

— Não chateia, mãe, assim tá bom, ninguém vai notar.

A mãe fica mais aflita ainda. E agora? Como ele vai chegar no primeiro dia no escritório com o nó da gravata torto?

Eu podia sentir a angústia no ar.

Ela me olhou de cima a baixo, reparando na minha camiseta velha e nos meus tênis estropiados. Conheço esse olhar de mãe. Mas, ao menos ali, naquela hora e naquele lugar, era eu a única opção. Ela pensou nisso e olhou para mim de novo. Também conheço esse olhar feminino.

— O senhor sabe dar nó em gravata?

Respondi que sim de maneira grave, para passar alguma credibilidade. Na portaria, o rapaz tirou a gravata e, meio sem graça, me entregou. Fiz um nó simples, o único que sei, e devolvi para ele. Não faria bonito num casamento de príncipe inglês, mas ao menos está melhor que antes. Moço, muito obrigado, diz a mãe.

Ele vai acertando a gravata. Tem que ficar na altura do cinto, explico. Cinto? Putz... O rapaz volta correndo para o elevador. A mãe fica ainda mais preocupada.

Resolver o problema da gravata e lembrar do cinto nos dá uma certa cumplicidade. A mãe está aflita, mas também orgulhosa. Enquanto ele não volta, ela conta:

— Eu sabia que ele ia passar na prova para esse emprego, meu filho é muito inteligente! Vai trabalhar em um escritório grande, de prestígio. Valeu a pena o esforço. Cuido dele sozinha desde os sete, nunca deixei faltar nada. Colégio, faculdade, tudo no sacrifício, mas taí...

Ela me fala dos lugares onde trabalhou, das dificuldades que passou, do pai ausente, da adolescência difícil do rapaz. De uma viagem que fizeram a Beto Carrero em 2012.

— A minha família mora longe, aqui somos só eu e ele.

O rapaz volta de cinto. Fico na calçada, esperando um Uber que parece perdido.

— Filho, vou com você até o ponto, se o ônibus demorar muito a gente pega um táxi.

— Não precisa, mãe!

— Então me dá um abraço, vai, só dessa vez.

— Mãe...

Ela o abraça com força, ele fica sem jeito.

— Vai com Deus, filho, vai dar tudo certo.

Quando o ônibus já está pra lá da Siqueira Campos, ela volta. Passa por mim, que continuo esperando. Dou parabéns pela conquista do filho. Dela. Dos dois. Aparece um sorriso.

— O senhor tem filho?

— Sim, mas é pequeno. Ainda falta pra esse dia.

— Passa rápido, moço, rápido demais. Será que ele vai chegar na hora?

56.

O médico e
o monstro

A primeira coisa que ele faz ao entrar no carro é procurar as balinhas. Esse tem. Posso pegar?, pergunta. O motorista diz que sim e ele avança no saquinho. Só uma, aviso.

Estávamos indo ao Centro Cultural Banco do Brasil ver uma exposição. Ao entrar no Aterro, percebo o "vende-se" na janela de trás. Pergunto ao motorista por que está querendo passar para a frente o carro, que parece tão novo. Ele explica que era da mulher, que faleceu há pouco tempo. Quanto? Dois meses, ele responde com voz embargada.

Sinto que ele precisa falar sobre isso.

Pergunto de que e ele diz que foi enfarte, tinha apenas 52 anos. Conta os seus últimos dias, a tragédia que foi sua morte, a falta que faz. Martín presta atenção ao relato. É uma história bonita, eles não tinham filhos, viviam um para o outro. Num sábado à noite ela passou mal, foram ao posto de saúde, o médico avisou que ela estava enfartando. Deu alguns remédios, mas avisou que teriam que transferi-la, não tinham condições de atendê-la no que precisava. Como o plano deles estava vencido, decidiram ir para casa e, na manhã seguinte, procurar um hospital público com vaga para o seu caso. Não deu tempo.

O homem chora ao relembrar.

Ele conta que pouco a pouco está tentando retomar a vida, mas que é difícil, quer vender o carro porque traz muitas lembranças da sua mulher. Conversamos mais um pouco até chegarmos ao nosso destino, o CCBB, na esquina da Primeiro de Março com a Presidente Vargas.

Me despeço desejando sorte e dizendo que vai passar, é assim mesmo, mas depois melhora etc.

O Martín, ao sair, pergunta:

— Posso pegar outra bala?

A frase é tão sem noção, tão deslocada, tão absurda, que o motorista até sorri. Dá a bala ao Martín e nós vamos embora.

Fico chocado com a falta de solidariedade do menino e dou uma bronca nele:

— Você não pode ser tão insensível! O motorista nos contou uma história muito triste, que ainda o faz chorar, devemos demonstrar empatia etc. etc.

Martín espera que eu termine e responde.

— É, mas quem fez ele parar de chorar e sorrir fui eu, não você.

Enquanto ele percorria curioso a exposição, eu ficava matutando se o menino é um psicopata mirim, completamente desprovido de empatia, ou é um gênio das relações humanas. Ou, talvez, as duas coisas.

57.

O cheiro do que já foi

Avontade foi maior que a preguiça: botei o álcool no bolso, a máscara na cara e fui até a padaria. Saudade do pãozinho quente, recém-saído do forno. Ao voltar para casa, desfiz a operação de guerra que é sair durante a pandemia e, enquanto a cafeteira pingava, comecei a ler o jornal na mesa.

A mistura do aroma do pão e do café recém-passado me levou para outras manhãs, muitas décadas atrás, em Copacabana, quase no bairro Peixoto. Acho que, de tudo o que nos traz lembranças, são os cheiros que encontram os atalhos mais rápidos. Deve existir uma explicação química, científica, exata, mas, depois de certa idade, é algo que se aprende na prática.

Meu pai tinha o hábito de acordar muito cedo e sair para comprar pão, leite — aquele de saco, que anos depois descobri que se chamava barriga mole — e o jornal do dia. Quando eu, ainda menino, acordava, ele já estava na mesa lendo, o café passando pelo filtro de pano e o pão, ainda quente, esperando na mesa. Enquanto eu tomava o leite com Nescau ou Toddy, ele contava, às vezes grave, às vezes rindo, o que estava nas notícias: uma revolução num país distante, um acidente de carro em Botafogo, os comentários sobre o Fla x Flu do dia anterior. Fui descobrindo o dia a dia do mundo naquela mesa, em torno do jornal aberto e da paciência com que ele respondia às tantas perguntas que eu tinha para fazer. Em mim, ainda menino, havia o assombro das novidades que se mostravam ali. Além das notícias, o que ele gostava mesmo, o melhor momento, era das colunas: lia para mim as crônicas do Drummond, do João Saldanha, do Carlos Eduardo Novaes, do Carlinhos de Oliveira. Ele amava o jornal e suas colunas, eu amava aquele momento.

Agora, décadas depois, sou eu quem está à mesa, lendo o jornal. Tenho o cheiro do café, do pão ainda quente e as notícias nas mãos, mas meu pai já não está presente. Na verdade, está cada vez mais distante: neste fim de semana, tive que ir até a casa dele — ainda e sempre minha —, e ele não me reconheceu. Depois de anos e anos de Alzheimer, já não sabe quem sou. Eu imaginava que este momento ia chegar, mas não estava preparado. Nunca se está.

Ele lembra que tem filhos, família, mas não sabe mais onde estão e muitas vezes quer sair para procurá--los. O menino que já fui tem vontade de apontar desesperado para o jornal na mesa e dizer: olha aqui, pai, é seu filho, sou eu nesta coluna, nesta foto, nesta mesa. O adulto que sou percebe que o gesto seria tão infantil quanto inútil. A criança e o adulto ainda têm muitas e muitas perguntas, tantas coisas para dizer, mas ele não pode mais responder.

Talvez, neste momento, alguém esteja lendo este jornal para o filho, e o caminho que me trouxe até aqui não tenha sido de todo inútil. Ao menos neste instante, em outra mesa, em outro lugar, estaremos, meu pai e eu, outra vez nos reconhecendo, enquanto o café pinga e o pão ainda está quente. Ou talvez o caminho seja apenas seguir pelo dia a dia do mundo, sozinho, procurando respostas que não existem mais e sentindo o cheiro do que se foi há muitas décadas e que estava em Copacabana, quase no bairro Peixoto.

58.

Um bom exemplo

Desde o primeiro dia de vida do Martín, a minha maior preocupação sempre foi dar um bom exemplo. Até aí, somos todos iguais. A questão era dar exemplo à mesa, onde fui um desastre desde a minha tenra infância.

Verduras? Só por obrigação. Legumes? Apenas com broncas. Frutas? Só com castigo.

No mais, muito açúcar, farinha refinada e carne vermelha. Muito mesmo. A minha sobrevivência é a prova de que Deus existe. Mas, consciente de que milagres não se repetem, desde o começo tentei não fazer feio à mesa para não ser um mau exemplo.

Quando ele era mais novo, inventei uma desculpa tosca, mas que funcionava: Por que você não come brócolis? É porque já comi muito, então não preciso mais, foi até melhor parar. E o espinafre? Também! De tanto que comi, quase fiquei doente, por pouco não tive uma espinafrite. Sim, essa doença existe, é o excesso de espinafre. Alface? Ih... Você não imagina a quantidade de alface que comi até outro dia. O médico até mandou parar.

É claro que ele achava a explicação meio estranha, mas de uma maneira ou de outra ia colando.

Mas a situação se complica mais ainda quando ele cresce um pouquinho. O que é aquele palhaço com um M gigante? Qual? Não sei, não conheço, nunca vi.

Mil novecentos e setenta e sete, rua Hilário de Gouveia, Copacabana. Lá estava eu, na fila de inauguração do primeiro McDonald's do Brasil. Nem desconfiava do mal que o fast-food faz, a gente ia no embalo, aquilo era o máximo de modernidade que uma criança podia querer. Me tornei um súdito do palhaço. Se a minha alimentação já era péssima antes dele, ficou ainda pior. Foram décadas de esbórnia e irresponsabilidade.

Já deu.

Graças ao Martín, ou ao menos ao exemplo que tento dar a ele, agora que ele já aprendeu que não existe espinafrite, tenho uma alimentação que, se não é a ideal, ao menos entrou na categoria do aceitável.

Quanto ao palhaço, nem precisei me esforçar muito: ao que parece, as crianças já não acham fast-food o máximo da modernidade.

O palhaço envelheceu mal. Ou ao menos pior do que eu.

59.

Livro novo é o que você ainda não leu

—Mas este livro é usado?

Foi o que perguntou o meu filho ao ver que um dos seus livros escolares estava meio fora de prumo. Fiquei olhando para ele com cara de espanto. Nunca tinha me ocorrido que a vida pregressa de um livro fosse importante. Para mim, livro usado é o livro que já li e livro novo é o que ainda não li. Nada mais. Talvez seja muito pragmático, mas se o que tenho nas mãos foi lido por mil pessoas antes, não faz a menor diferença — se não tiver páginas faltando —, e digo até que é um bom sinal: livro ruim se mantém impecável para sempre.

A reação do meu filho mostrou outra falha — minha — na educação dele: não parei para contar que livros já lidos se compram e se vendem, não expliquei o que é um sebo e nunca avisei que muitos dos livros didáticos que ele teve também eram de segunda mão. Não me pareceram informações relevantes, afinal aprendi na prática — sou do século passado — que o livro não é descartável, não fica velho. O conceito de que um livro precisa ser virgem, imaculado, cheirando a novo me parece uma tara muito particular, coisa de colecionador perfeccionista, não de leitor contumaz. Livro é como jogo do bicho, vale o escrito.

A pergunta dele também me fez ver a necessidade de levá-lo a mais bibliotecas. Não só as famosas, atrações turísticas, mas as pequenas, de bairro, onde você pega o livro, leva para casa para devolver em quinze dias e paga multa se esquecer. Quando eu era criança e adolescente, frequentei a regional de Copacabana e a do IBEU, que ficavam quase do lado uma da outra, ali entre a Santa Clara e a Figueiredo. Também ali a quantidade de carimbos na ficha era sinal de prestígio. Nas bibliotecas, intacto também é sinônimo de inferior.

Não sei se essas bibliotecas ainda existem. Pelos conceitos contemporâneos, uma instituição que empresta livros sem custo, espalhando cultura, educação e saber é, no mínimo, subversiva. Quiçá comunista.

Como o leitor que tem filhos em idade escolar bem sabe, os preços dos livros didáticos — novos — beira o absurdo. Aqui em casa as despesas ainda se mantêm racionais porque a minha mulher participa de um grupo escolar de compra, venda e troca de livros escolares. É uma invenção genial: neles, sempre tem alguém querendo vender os que você precisa, assim como sempre tem alguém querendo comprar os que você já usou. Fica a dica para quem não quer ou não pode gastar uma fortuna logo no início do ano.

Desconfio de que, para a geração do meu filho, os tais nativos digitais, a noção do que é novo e usado esteja contaminada pela onipresença de objetos eletrônicos. Computadores, tablets e celulares ficam logo defasados e inúteis, vítimas da obsolescência programada. É a jogada que faz os objetos perderem a utilidade e o valor em pouco tempo, para que o dono seja obrigado a comprar um modelo novo. O contrário que acontece com os livros.

Os alunos de hoje têm aula de "cultura *maker*" e "*design thinking*", mas talvez seja importante também um pouco de "cultura *keeper*" e "vovó *thinking*". É preciso aprender, nas bibliotecas, nos sebos, em casa, que nem tudo é descartável, nem tudo perde valor com o tempo.

Vale para os livros, vale para as pessoas, vale para a vida.

60.

Objetivos

No filme parecia tudo muito real: aos cinquenta, o CEO da empresa, em sua ampla cobertura, encontra um caderno muito antigo, da sua infância. Lá está uma lista que fez quando tinha dez anos: objetivos a serem atingidos antes de completar os cinquenta. Satisfeito e nostálgico, ele se compraz lendo o papel, comparando suas ambições infantis com os seus feitos de adulto. Há uma solenidade na cena, um ar de acerto de contas. É um grande momento, ao menos no filme.

A primeira coisa que senti ao ver a cena, agora que cheguei nos meus cinquenta, foi inveja. Não tenho essa lista. O que eu queria quando tinha dez? Quais eram meus sonhos? É uma lembrança enevoada. Nem adianta insistir, depois de quarenta anos são tantos os truques da memória... Se ao menos houvesse a tal lista, poderia ter uma cena de cinema. Senti um arrependimento.

Por outro lado, tenho um filho de dez anos. Posso evitar o mesmo erro no futuro, ao menos dele.

Com pompa e circunstância, peço para que faça uma lista dos seus objetivos na vida até completar cinquenta anos. Ele me olha com um misto de curiosidade e desprezo: Por que alguém ia ter objetivos tão longínquos? Aos dez, os cinquenta parecem uma miragem, algo tão distante quanto o fim da humanidade ou do próprio universo. Exatamente o contrário de quem tem cinquenta e pensa nos seus dez, que parecem logo ali, coisa que aconteceu ainda ontem. O que me parece solene e fundamental, para o Martín é pura perda de tempo.

Deixo a ideia da lista de lado, afinal, consigo enfim entender, agora que fiz cinquenta, que o único objetivo na vida aos dez anos deve ser estar bem e ser feliz.

Na verdade, aos cinquenta também.

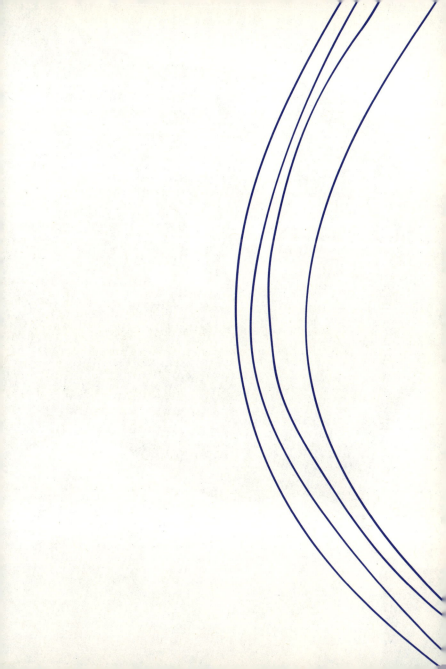

61.

Troféus

Martín chegou em casa meio triste. Foi brincar na casa do Arthur, um amigo da escolinha de futebol.

— Papai, Arthur tem um troféu em casa.

— Que legal, ele joga mesmo muito bem.

— Eu não tenho nenhum.

— Se você se esforçar, vai conseguir.

— Mas é muito difícil...

Martín joga bem, mas é um pouco desatento, às vezes fica assistindo à partida de dentro do campo. A bola vai pra cá, vai pra lá e ele nem aí. Resumindo: falta um pouco de raça. Dá pra ensinar a bater falta, a cobrar pênalti, mas raça é bem mais complicado. A criança precisa ter vontade de ganhar o jogo, por mais esforço que isso custe.

Na tarde seguinte:

— Vamos ao centro da cidade hoje.

— Fazer o quê?

— Comprar um troféu. Você não quer um?

— Comprar? Como assim? Troféu se vende?

A alegria infantil de se conseguir algo de maneira fácil é comovente.

Fomos ali no Saara, onde tem uma loja especializada em troféus. Martín ficou maravilhado com aquela

montanha de taças e medalhas. Cada troféu mais bonito que o outro. E o melhor, tudo à venda.

— Papai, troféu não é caro! Por que você não me
contou antes?

Ele escolheu um grande, segundo ele maior que o
do Arthur. Custou cinquenta reais. O vendedor explicou que podia gravar uma frase nele.

Martín não pensou duas vezes:

— "Martín Aversa, campeão de 2018", assim no
próximo torneio já sou campeão antes mesmo de entrar em campo.

Falta de malandragem não é um problema para o
menino. Voltou para casa carregando a taça de 2018,
comprada por cinquenta reais.

Foi até barato.

Chegou e já a colocou na estante em frente à cama,
para dormir olhando para o seu presente.

De noite, antes de dormir, ele me perguntou se podia levar o troféu na escolinha de futebol, para mostrar
aos amigos. Claro que sim, respondi.

— Mas leva também o cartão da loja, assim os outros jogadores podem comprar seus troféus também.
Vocês nem precisam mais disputar torneios, já é todo
mundo campeão sem entrar em campo.

Ele ficou olhando para o troféu e pensando.

No dia seguinte, quando fui acordá-lo para o futebol, o troféu não estava mais na estante. Vi o brilho dele lá no fundo do armário. Não comentei nada.

Fomos para a aula na escolinha.

Foi a primeira vez que vi o Martín jogar com raça.

Cinquenta reais. Foi até barato.

62.

O dia em que ele saiu de casa

Atreta começou por uma bobagem, sempre é uma bobagem, ele queria jogar videogame comigo e eu não podia, tinha que escrever esta coluna. Na verdade, nem ele podia, videogame é só no fim de semana — se aprendi algo com o Atari nos anos oitenta é que jogo descontrolado é sinônimo de nota vermelha. Usar a minha experiência como exemplo o deixou ainda mais contrariado, as crianças precisam cometer os seus próprios erros, é algo que nunca aprendo. Indignado, disse que sou chato, o pior pai do mundo, que proíbo tudo, enfim, que o mundo é injusto. Aí, meio sério, meio de brincadeira, ele avisou que ia sair de casa.

Talvez a pirraça do vou-embora-dessa-casa seja um sinal da infância chegando ao fim. O manual da paternidade, esse que se aprende pelos conselhos dos mais velhos, diz que eu deveria ficar indiferente, não dar atenção às revoltas passageiras. Faz sentido, se o deixo tomar conta de tudo antes dos dez, quando chegar aos quinze vou ter que contratar advogados para lidar com as suas artimanhas. É preciso ser sensato, avisa também o manual. Bastou ouvir que sou o pior pai do mundo para descobrir que sensatez é só para os fortes.

Fiquei titubeando entre o fraco e o forte e a minha expressão ficou igual à do motorista que perde a conexão com o GPS. Ele começou a arrumar a mala, ou melhor, a mochila: o estojo de lápis de cor, uma lanterna, um caderno de desenhos, o uniforme do Barcelona — que para ele equivale ao do Super-Homem — os dez reais que o avô deu de presente e algumas figurinhas para trocar. O mundo às vezes cabe numa mochila, eu já tinha esquecido.

Continuei ali, de pé, assistindo, sem falar nada. Ele me olhou, desafiador, e disse: pode ficar aí escrevendo a sua coluna, vou embora desta casa. Enquanto amarrava os tênis, percebi que não há manual que explique, a gente só aprende por conta própria, no dia a dia, nas tretas e nos abraços. Ele abriu a porta de casa e, ainda no hall de entrada, lembrou do que vivo repetindo: elevador é perigoso para crianças. Então foi ele que titubeou: melhor ir de escada, disse, sem muita certeza, enquanto fechava a porta. Interfonei para o porteiro: se ele tentar passar por aí, me avisa. Decidi esperar cinco minutos.

Meio de brincadeira, meio sério, comecei a pensar no futuro: um dia não vai ser de pirraça, o menino vai virar um rapaz e a casa dos pais vai ficar pequena demais para ele. Descobrirá que o mundo lá fora é muito maior. Nesses cinco minutos, passaram os melhores momentos da vida: a notícia da gravidez, as histórias que eu inventava para ele dormir, as primeiras palavras, os primeiros passos. O abraço de despedida no primeiro dia de aula, o Natal com a família toda reunida, aquele em que ainda estavam todos. Um desenho que ele fez de nós e que guardei na carteira para sempre.

Me deu uma vontade enorme de parar o tempo, para que ele nunca vá embora.

Abri a porta, fui para a escada e o encontrei com a mochila na mão, sentado num degrau. A gente deu um abraço, enxugou as lágrimas e voltou para casa. Perguntei se ele ainda queria jogar comigo.

— Depois, papai, agora você precisa escrever.

63.

No rodízio das culpas

Só faltam mais dois ou três graus no aquecimento global para que o aumento no nível do mar traga a praia aqui pro Jardim Botânico. Gosto da ideia, mas com esses metros a mais de mar parece que vem junto uma certa devastação. Se, sem tragédias climáticas, o Rio já está afundando, imaginem com tsunamis e furacões?

Um dos grandes responsáveis por essa mudança no clima é o consumo exagerado de carne. O pum das vacas tem metano, um dos gases do efeito estufa. Quanto mais vacas, mais pum, mais metano e menos florestas. O churrasco tem culpa no cartório.

É aí que eu entro de vilão na história.

Até o final dos anos setenta, carne para mim era na Churrascaria Copacabana ou na Majórica do Flamengo. Até aí tudo certo, tinha comilança, mas ainda dentro de um certo limite, que era a conta no final. O exagero custava caro. Mas, em algum momento entre o final dos anos setenta e o início dos oitenta, os rodízios entraram na moda: Estrela do Sul, Porcão, Mariu's e outros. Neles, sim, se podia comer à vontade. E o que significa comer à vontade? Se os seres humanos fossem racionais, seria até ficar satisfeito. O problema é que, ao ter uma quantidade ilimitada de carne por um preço fixo, a racionalidade dá lugar à selvageria e dane-se o planeta. Especialmente quando você é muito jovem e tem amigos perturbados o suficiente para organizarem um campeonato carniceiro toda semana, em que o primeiro a parar de comer pagava a conta e vencedor era quem conseguia sair andando do restaurante. Coisa de homens primitivos. Posso dizer que descobri a masculinidade tóxica antes das feministas.

Acho que meus amigos e eu fomos responsáveis por boa parte desse aquecimento global. Mas o tempo, a maturidade, a sabedoria e, principalmente, o colesterol me fizeram deixar a barbárie gastronômica de lado. Até que outro dia, num momento de saudosismo, levei o meu filho para conhecer um rodízio. Uma oportunidade de passar todo o meu sofisticado *know-how* para a nova geração.

Assim que chegamos à mesa, ele foi se engraçando com um pão de queijo. Larga isso, otário!, gritei. Nada de acompanhamentos! Só carne, entendeu?, só carne. Mas eu quero salada antes... ele balbuciou. Não ouse pronunciar essa palavra na minha frente! Tá maluco? Pagar um dinheirão pra comer verdinho? Parece que não tem pai! Aqui é o seguinte: só picanha! Só filé! Nada de pãozinho, saladinha ou palmitinho. Líquidos, nem pensar.

Em quinze minutos, o menino não aguentava mais. "Vamos embora, papai? Claro que não! Só se abandona um rodízio depois de dar prejuízo ao estabelecimento, qualquer um sabe! Enquanto o dono não aparecer de joelhos pedindo arrego e liberando a conta, a gente não sai." Para demonstrar como agiam os profissionais, comi até passar mal, muito mal.

Filho, chama o táxi. Não, liga para a ambulância. Ou melhor, vê se tem um rabecão passando na rua.

Me vendo naquela situação degradante e constrangedora, ele perguntou: Pai, não seria melhor a gente virar vegetariano? Ou ao menos comer menos carne?

Assim, lançando mão da melhor e mais eficiente pedagogia — o mau exemplo —, consegui ter o meu momento Greenpeace.

Mas que seria bom ter uma praia aqui na esquina, isso seria.

64.

A natureza selvagem

Sou da geração que, de tanto destruir o meio ambiente, conseguiu esquentar o mundo a ponto de torná-lo uma sauna. Não temos nem a desculpa das gerações anteriores, que não sabiam o que estava fazendo. O aquecimento global é coisa nossa.

É por isso que desde cedo tentei criar uma empatia do Martín com a natureza. Alguém vai ter que dar um jeito no que criamos. Como vivemos na cidade, é um processo muito mais teórico do que prático: tome documentário fofo sobre pandas, filme de pinguins engraçadinhos, todo tipo de bicho de pelúcia. Acreditei que, dessa maneira, idealizando a natureza, ele iria entrar na geração que levaria a temperatura da terra de volta à geladeira.

Mas o problema é que a natureza selvagem não é sempre fofinha. Na verdade, ela é bem... selvagem. Então eu pulava a parte em que o leão comia a zebra, o tubarão tirava nacos da foca ou a águia partia levando o filhotinho do coelho. A desculpa era de que é preciso controlar a narrativa com as crianças. Pra não criar traumas no futuro nem pesadelos agora. O problema é que ele cresceu com uma visão, como diria, Disney demais.

Como vivemos na cidade, tudo certo, afinal, a carne já aparece empacotada, o frango congelado e o peixe em filés. Aquelas cenas que eu presenciei na infância, da galinha correndo sem cabeça, do porco berrando ao ser rasgado ou do peixe saracoteando na beira d'água não fazem parte da infância de uma criança urbana do século XXI. Não sei dizer se isso é bom ou ruim, mas que a natureza sempre encontra o seu caminho, isso encontra.

Estávamos no parque Lage e ao longe vi um tucano. O tucano é uma simpatia, um daqueles bichos que parecem ter sido desenhados por e para crianças. O bicão amarelo chama a atenção até do mais viciado em PlayStation. É um dos únicos que ganha de uma tela eletrônica. Os outros, o elefante, a girafa e o panda não estão ao meu alcance.

Mas eis que o tucano pousou ao lado do que parecia ser um ninho. Que maravilha! Fiz um discurso exaltando a natureza, contando em detalhes como essa esplendorosa ave chocava seus ovos com carinho e afeto, como a natureza não só era sábia como afetuosa também.

Mas eis que o tucano começou a cavucar o ninho. Algo estava estranho. Martín perguntou o que ele estava fazendo. Disse que ele, cuidadoso e delicado, apenas ajeitava o ovinho para melhor chocá-lo, porque os tucanos...

Nem deu tempo de terminar a explicação: o tucano pegou o ovinho com seu bicão, virou para cima e glup! Engoliu o futuro pássaro. Feito isso, saiu voando pela bela tarde de outono no parque Lage.

Olhei para o Martín e ele estava quase paralisado. Senti o trauma infantil se instalando no menino. Ele só conseguiu balbuciar: O tucano comeu o ovo! Matou o filhote!

Só me restou tentar aliviar a situação: sim, mas ao menos não era o próprio ovo, aí seria canibalismo. Você sabe o que é canibalismo? Antes que ele respondesse, dei uma desconversada. Já era trauma suficiente para um dia.

Vou trocar a próxima saída para o parque Lage por uma visita a um frigorífico em Santa Cruz. Não sei se a terapia de choque vai funcionar, mas ao menos ele vai perder a antipatia pelos tucanos.

65.

Como ganhar o respeito de um filho adolescente

O comentário nem era uma grande sacada, estava mais para ironia mal-humorada. "Traz a vacina em caixa de agrotóxico que a Anvisa não só libera pra ontem como ainda paga o frete", foi o que postei antes de dormir.

De manhã, o tweet tinha vinte mil likes. Por ali sou lido — normalmente — por meia dúzia de amigos, que, desconfio, deixam seus likes mais por caridade do que por admiração. Essa multidão repentina me assustou, sabemos que esse negócio de like é coisa do capeta e, se deixar, vicia mais que fake news em grupo de bolso-minion. O engraçado, pensei, é que meu filho discorda de tudo o que digo, mas lá fora tem vinte mil desconhecidos concordando comigo. Deve ter alguma ironia aí.

Depois do almoço, dei outra conferida: já eram cinquenta mil. O post continuava bombando. Deixei pra lá, na vida real era dia de fotografar um dos ícones da cultura nacional. Um trabalho concreto. A realidade é bem melhor.

No dia seguinte, os likes passaram dos noventa mil e os compartilhamentos, dos quinze mil. Por curiosidade, fui nas estatísticas, que dizem até onde chegou o post: dois milhões de pessoas. Tantos likes, views e compartilhamentos me pareceu coisa de Felipe Neto. Eu disse Felipe Neto?

Foi aí que me ocorreu uma utilidade para esses números exorbitantes. Se o leitor tem filhos adolescentes ou pré-adolescentes, sabe que não há nada mais difícil do que conseguir o respeito e a admiração deles. Até os nove, dez, você é — para eles — um super-herói. Passou dos dez, vira um zé-ruela, não importa o que faça. Eles só têm admiração pelos tiktokers, rappers e youtubers. E o que admiram? Likes, compartilhamentos, views. Era a minha chance.

Tirei o roteador da tomada. Se você quer a atenção de um adolescente, desligue o wi-fi: eles aparecem em meio segundo. Martín chegou furioso, cantando pneu. Mandei na lata: Tô mais popular que o Felipe Neto! O pai tá on! Ele deu uma gargalhada de desprezo. Olha aqui!, eu disse, segurando o celular como um troféu. Incrédulo, ele desdenhou: Qualquer um tem noventa mil likes. Ah é, provoquei, então acha um que tenha. O menino percorreu os seus youtubers de estimação. Nada. Os rappers. Neca. Tiktokers, nem perto. Magnânimo, ofereci um autógrafo como prêmio de consolação. Ele teve um faniquito.

Nem mesmo Felipe Neto o salvou: como era um dia sem polêmicas, Felipe estava com cinco, dez mil likes. "Tenta o Papa, provoquei, irônico. Ele recorreu ao santo perfil. Mesma coisa. Para um pré-adolescente, ver o pai popular na internet é o próprio apocalipse. Peraí!, gritou. Foi no Twitter e começou a apelar para os vilões: Bolsonaro. Nada, nesse dia não chegou perto. Damares? Nem cócegas. Partiu pra ignorância em outro hemisfério.

— Achei! O Trump teve mais likes que você! Cem mil! Otááááárioooooo! Perdeu para um pateta laranja! Lá-lá-lá!

Dito isso, fez um monte de malcriação e voltou, satisfeito, para o PlayStation. A minha popularidade virtual foi tão efêmera quanto inútil. Lá fora, dezenas de milhares de likes e compartilhamentos, aqui dentro só respostinha e língua de fora. Fazer o quê?

Ao menos as fotografias ficaram boas. Fiquei feliz. A realidade é bem melhor, sem ironia.

66.

Uma solução
para mim

Cachorrinhos, um ou outro gato, passarinhos, ursos, um palhaço dando aula de violino para o filho, crianças brincando. Quando Martín ainda era bebê, o meu pai, que estava bem e ainda conseguia imaginar uma lúdica cena infantil, desenhou uma parede do quarto dele.

Foi um pedido meu.

Por alguns anos, Martín adorou os desenhos na parede, adorou estar embaixo dos personagens ali representados. Os cachorrinhos, os gatos, o urso, todos foram seus companheiros na infância. O tempo passou, ele está crescendo e já é quase adolescente. Logo vai achar um mico esses desenhos infantis na parede. Vai morrer de vergonha quando os amigos aparecerem. Mesmo que tenham sido feitos para ele. Mesmo que tenham sido feitos pelo próprio avô.

Mesmo que tenham sido um dos últimos desenhos dele.

Vai querer colar pôsters de jogadores de futebol, músicos, campeões de videogame, youtubers célebres por longos quinze minutos. Vai pintar grafittis que imaginará revolucionários, vai escrever frases feitas fundamentais, deixar marcado em cada parede o que é mais importante naquele momento. Não haverá espaço para nada infantil, muito menos para coisas de avô. O que lhe é familiar lhe causará apenas constrangimento.

Não adianta lutar contra o sentimento da idade. É uma batalha perdida.

Ando pensando no que fazer para esconder a pintura até que ela não cause mais nenhuma vergonha para o Martín. Mais uns dez, quiçá vinte anos. Talvez eu possa pintar por cima, com uma tinta que descasque com o tempo. Assim o cachorrinho vai reaparecer em cinco anos, o urso em dez, e o palhacinho, talvez, lá na frente. Ou então um papel de parede moderno, contemporâneo, que quando for ficando velho vá se desfazendo e aí, sim, apareça o que já estava havia tanto esquecido.

São soluções para dez, vinte anos, ou talvez muito mais. Não sei se consigo pensar tão longe. Não sei se estarei aqui para ver se deu certo. Talvez o certo seja algo mais prático e à mão.

Trocar de quarto com ele.

67.

Um almoço demorado

Para quem tem filho pequeno, não é novidade: não existe desperdício maior do que levar criança para restaurante, ainda mais se for restaurante caro. Ela começa a chatear porque não consegue decidir o que comer, porque os pais perderam a paciência, porque a comida não chega em dois minutos e porque, quando chega, não é o que ela imaginou. Um aborrecimento sem fim, ou melhor, com um fim: a sensação de dinheiro rasgado.

Os próprios pais não conseguem almoçar direito, porque a criança quer ir embora trinta segundos depois de terminar o prato e toca o terror até que isso aconteça, consciente de que os pais, ao menos em público, não vão lhe dar uma bronca em duzentos decibéis, que é o que a situação exige.

Por sorte, muita sorte, inventaram o restaurante a quilo. Quem o fez certamente tinha filhos, muitos filhos. É um sonho infantil tornado realidade: todo tipo de comida imaginável e, o melhor, misturado no mesmo prato, sem olhares de reprovação. E lá vai o júnior misturando feijão com espaguete, picanha com strogonoff e, claro, cinco sobremesas diferentes transbordando no prato.

Nem preciso dizer onde era o nosso almoço de domingo: no quilo perto de casa. Para o Martín, uma alegria só. Como eram os tempos da bonança carioca — e brasileira —, chovia dinheiro, para a Copa e para as Olimpíadas. Os restaurantes a quilo, sintonizados com a efêmera prosperidade nacional, tinham camarão, picanha, salmão, comida japonesa, tudo por um preço razoável.

A Copa e as Olimpíadas passaram e veio a crise do Governo Dilma, a prisão do Cabral e a economia, tanto da cidade como do país, começou a emborcar. Voltamos ao habitual caos econômico.

O primeiro a desaparecer do restaurante foi o camarão: não de uma vez. Primeiro virou bobó, e cada vez o bobó tinha menos camarões, até virar uma sopa rala e sumir de vez. O salmão foi pelo mesmo caminho. O dono não tinha muita opção: se deixava o preço alto, as pessoas, ganhando menos ou desempregadas, não teriam dinheiro para pagar. A solução, para baixar o preço, era tirar os ingredientes mais caros. Desapareceram os peixes, a picanha, o balcão de japonês. Foi esvaziando, melancolicamente, até fechar. Fiquei triste: a gente se apega.

O lugar ficou vazio por muito tempo. Eu lamentando o fim, Martín querendo saber o que ia abrir no lugar.

Semana passada, inauguraram ali um Hortifruti. Fomos lá fazer compras. Mas, enquanto o Martín escolhia bananas e maçãs, reparei que elas estavam no mesmo lugar onde a gente costumava sentar aos domingos, Martín bebê, ainda no carrinho. Onde ele procurava biscoitos e bolos, costumava, anos atrás, empilhar suas sobremesas. Ali perto do caixa era o lugar onde ele dava o piti querendo ir logo embora. Para o Martín, um lugar novo a ser explorado, cheio de novidades. Para mim, uma pilha de memórias, escondidas entre frutas e legumes.

Ele só olha para a frente, eu estou sempre espiando o retrovisor.

68.

Mário? Que Mário?

Enquanto chafurdo no home office, meu filho aparece no escritório com dúvidas escolares, algo sobre a identidade de algum personagem histórico. Têm sido assim os meus pandêmicos dias, entre o trabalho doméstico e súbitas gincanas de conhecimentos gerais. São perguntas sobre onde fica não sei o quê, qual o resultado de uma conta complicada, quem liderou uma longínqua revolução. Nem sempre estou prestando a devida atenção ou, com mais frequência, não sei a resposta. É o que acontece agora: nenhum nome me vem à cabeça e acabo respondendo no automático: deve ser o Mário.

O Martín, na ingenuidade de quem tem dez anos em 2020, pergunta:

— Mário? Que Mário?

Sou um homem do século XX. A pergunta "Que Mário?" e sua resposta automática é algo que não consigo tirar da minha cabeça nem com pé de cabra ou bisturi. Cada um tem a bagagem cultural que merece. Outros da minha idade adotaram o "É pavê ou pacumê?" como lema, mas estes, além de ganharem a nada lisonjeira alcunha de tiozão do pavê, aquele que provoca calafrios na garotada, ainda dependem de condições específicas para exercitar seu bordão humorístico, por assim dizer. Sem um pavê e uma plateia amiga, nada feito. Já nós podemos exercer nosso humor, também por assim dizer, apenas com uma leve referência ao nome. O Mário não é pavê.

Também sou da geração que criou a piada, nas salas de aula do Andrews, do Santo Inácio, do Pedro II, do São Vicente, do São José e tantos outros. Quando a graçola chegou ao estrelato na TV, foi quase como ver um filho se formar na faculdade. Criou-se uma confraria, que mesmo adulta ainda entra em êxtase cada vez que um desavisado pergunta pelo Mário. Mesmo quando não é pronunciada, a resposta ainda saltita nas cabeças grisalhas de respeitáveis senhores e senhoras.

Assim como nós, Mário envelheceu. Saiu de moda, substituído por formas mais elevadas de humor, ou ao menos não tão rasteiras. Não estava mesmo adaptado ao século XXl: essa história de ficar atrás do armário não faz mais sentido, e o próprio armário perdeu sua função de esconder orientação sexuais, seja a do Mário ou a dos outros. Ficaram todos para trás. Pergunte por Mário a quem tem menos de vinte e terá pela frente uma expressão inocente de dúvida. Dê a resposta automática e será tratado como um dinossauro preconceituoso e recalcado.

Quando ouvi a pergunta do meu filho, percebi que não era a hora mais apropriada para apresentá-lo ao herói libidinoso e enferrujado. Não só teria que explicar a piada, um crime inafiançável, como teria que dar uma aula prematura sobre a sexualidade oculta no século passado. Diante da situação sem saída, deixei o século XX e entrei no futuro, que, no meu caso, é o presente. Apesar da língua coçando, mantive o silêncio. A maturidade chega para todos.

Meia hora depois, minha mulher passou pelo escritório e me encontrou com um ar nostálgico e meditativo. Ficou curiosa e perguntou no que estava pensando. No Mário, respondi, com melancolia. Mas que Mário é esse?

Meia hora, foi isso o que durou a minha maturidade. Não só estou de volta ao século XX como é bem possível que hoje tenha que dormir na sala.

69.

Reunião de pais

As cadeiras são dispostas em círculo. Vai começar a reunião dos pais.

A professora pede que se apresentem. Ninguém ouve, todos estão atracados aos seus celulares. Uma mãe levanta a cabeça, mas é para perguntar a senha do wi-fi. O único sujeito que presta atenção é convocado a dizer quem é. É o motorista do Enzo, seus pais não têm tempo para reuniões de escola e pediram para ele ir e anotar tudo. Um casal fica espantado, os outros com inveja por não terem pensado nisso antes. Todos voltam aos celulares.

Estamos num colégio da Zona Sul do Rio.

A professora começa a explicar os planos para o próximo semestre do segundo ano fundamental. Um pai, de terno, interrompe a explicação, exige aulas de empreendedorismo para as crianças. Em tom ameaçador, avisa que os alunos que não forem preparados desde — muito — cedo nunca se tornarão CEOs no futuro. Dessa vez, é o motorista que fica espantado. As aulas precisam ser em inglês, acrescenta uma mãe com tapetinho de yoga. O companheiro dela, hipster de quatro costados, propõe que os alunos criem startups no recreio. A conjunção das palavras inglês, CEO e startup deixa os outros pais em transe eufórico. Todos falam ao mesmo tempo, em inglês e português. A professora tenta acalmar os ânimos. Não consegue. Tem a ideia de pedir silêncio pelo WhatsApp. Funciona.

Por cinco segundos.

Uma mãe com roupas de academia toma a palavra. Quer saber por que a escola proíbe celular na sala de aula. Estamos no século XXI, avisa segurando seu iPhone X como o Cabo Daciolo segura a bíblia. As crianças não podem ficar desconectadas, continua. Ela é a administradora do grupo de WhatsApp das mães da turma. Os grupos de mães são as milícias da educação nacional, então ninguém tem coragem de interrompê-la. Por sorte o iPhone X toca e ela larga o discurso no meio. A professora respira aliviada. Explica que os celulares roubam a atenção das crianças. Ninguém escuta, só o motorista, que anota com atenção. Um pai aproveita o silêncio para se queixar do sistema de notas. A filha ficou traumatizada com uma nota baixa, reclama. Quem sabe se substituirmos as avaliações por abraços e tapinhas nas costas? Para que gerar frustrações nas crianças? Uma mãe aproveita e reclama da educação física. Meu filho entrou no campeonato de futebol e não ganhou nada, isso é absurdo, tive que gastar uma fortuna no psicólogo e comprar um troféu no shopping. Para que pódio? Todo mundo deveria ser campeão. Não estamos numa democracia?

Recebe uma salva de palmas.

Neste momento, a administradora do grupo de mães volta para a sala e começa a fazer uma live da reunião nas redes sociais. Alguns pais deixam de acompanhar o que acontece na frente deles para acompanhar a live dela no celular. Agora a queixa é sobre o inspetor que deu uma bronca num aluno. Esse funcionário insolente tem que ser demitido, exigem os pais. A professora explica que o menino estava pichando a parede da sala. Isso só aumenta a raiva: Vocês estão censurando um artista! Fascistas! Não passarão!

A confusão se instala outra vez. O motorista do Enzo aproveita para fugir.

Está atrasado para o *coaching* da Valentina.

70.

Uma prova de vida

A creche era excelente até o momento em que resolveu criar as Olimpíadas dos Pais. Acabou o amor.

Não eram Olimpíadas simples, do tipo pelada de vinte minutos no campinho mequetrefe ou uma corrida de sacos no pátio de trás. Não, não. Não ia adiantar a tática de dar passes pro lado ou de pagar comédia para divertir a plateia e esconder a falta de preparo físico.

A coisa era séria.

Uma corrida do Jardim de Alah até o final do Leblon, pela ciclovia.

Não sou exatamente um fã dos esportes. Na escola, jogava xadrez, e essa declaração já vale por si só. Depois disso, só aquela academia regulamentar para não enfartar ou quebrar a balança antes dos cinquenta. A minha chance de correr alguns quilômetros sem passar vergonha é algo próximo a zero. Ao mesmo tempo, sei que ver o pai esbaforido, botando os bofes para fora em último lugar, não é algo muito edificante na formação de uma criança.

Foi aí que me dei conta do problema de deixar para ter filhos mais tarde. Se por um lado é mais fácil se conformar com o fim de semana dividido entre teatrinho e parque, na hora das Olímpiadas dos Pais a possibilidade de um desempenho constrangedor é algo muito concreto.

Fiz um planejamento: nas três semanas de prazo, ia passar a pão e água, ou melhor, só água, porque farinha engorda. Se bem que o problema não era esse, o problema era a resistência. Talvez fosse melhor cortar a água. Não. Sei lá. Melhor não cortar nada e me mudar para a esteira por três semanas.

Como era de se esperar, o plano foi esquecido em dois dias e retomado na véspera, em ritmo de desespero. E agora? Achei melhor preparar um plano B: esperar todos avançarem e pegar um táxi? Complicado, muita chance de dar errado. Sair correndo feito um Queniano na São Silvestre e simular uma contusão nos primeiros duzentos metros. Pode ser uma boa, sempre poderei dizer que só não ganhei por conta do tornozelo torcido. Ou poderia ser outro desastre, perder de maneira humilhante já nos duzentos metros iniciais. Quem sabe subornar alguns pais para me deixarem passar na frente? Quanto a diretora da escolinha me cobraria para trocar a corrida por um torneio de xadrez?

Quanto mais perto da prova, mais absurdas iam se tornando as minhas soluções. Chegou a hora.

Os primeiros quinhentos metros até que não foram tão ruins assim. Se não estava no pelotão da frente, ao menos não na rabeira. Ali pelo meio, onde filhos não se traumatizam. Me deu até certa satisfação.

Mas logo a alegria foi embora. Comecei a ficar para trás. No começo, alguns metros, depois vários. Muitos. Demais.

Quando cruzei a linha de chegada, os outros pais já estavam alongando. Último. Tragédia. Desastre. Enquanto pensava sobre os traumas vindouros, a conta do psicanalista, vejo que vem vindo, ao longe, mais um pai.

Um retardatário.

Caminhando, descansadão, suave, de boas.

Quase assoviando.

Fico observando, entre o espanto e o fascínio, a sua reação: ele chega, dá um abraço no filho, os dois riem e vão embora felizes.

Dizem que a derrota ensina muito mais que a vitória. A derrota dos outros também.

71.

O jogo da vida

Comprei um game novo para o Martín no mês passado. Uma versão nova de um jogo do Atari, aquele dos anos oitenta.

Na primeira partida já fui logo avisando:

— Se prepara que o papai era campeão nesse jogo quando tinha a sua idade...

Para minha surpresa, comecei mal, perdendo. O jogo era bem mais difícil que o Atari original. Muito botão, muito controle, tudo complicado. A minha sessão nostalgia tinha virado um desastre. Martín percebeu minha tristeza. Por sorte comecei a ganhar: driblava os asteroides, acertava a navezinha, chegava na segunda fase. Não consegui disfarçar minha felicidade: apesar de toda essa tecnologia nova, eu ainda chegava lá.

Virou quase um ritual: Martín chegava da escola e já partíamos pro game. Ele até que ia bem, mas no

336

final minha experiência e habilidade falavam mais alto. Mesmo perdendo, ele parecia gostar muito do jogo.

Até pensei em entregar algumas partidas, mas achei que isso não seria certo para a formação do menino e também não seria justo comigo: era a minha chance de fazer bonito com algo que o Martín dá valor.

Até que no fim de semana a minha mulher, já sem paciência após ouvir pela milésima vez detalhes sobre a quinta fase do jogo, me chamou num canto:

— Vai até o quarto do Martín, mas sem que ele note.

Fiquei espiando da porta. Martín estava no videogame com os amigos. Aquele do Atari.

Ele ganhava e de lavada. Driblava todos os asteroides, acertava todas as navezinhas, já passava da vigésima fase. Um campeão de verdade.

Ao que parece, a maturidade não tem nada a ver com a idade. Tem gente que aprende cedo, tem gente que nunca aprende.

72.

Respostinhas

— Mano, você já se olhou no espelho?

A pergunta pode parecer normal para as pessoas comuns, mas, vinda de um pré-adolescente obrigado a pentear o cabelo antes de sair, trata-se de uma autêntica respostinha.

Quem tem um pré-adolescente ou um adolescente em casa sabe o que é a respostinha: aquele comentário atravessado que eles soltam sempre que os pais tentam corrigir algo de errado que estão fazendo. Não um errado subjetivo, como um gosto ou uma opinião, mas aquele errado cristalino, o que pede apenas dois neurônios para considerá-lo como tal. Como deixar torneiras abertas e todas as luzes ligadas, largar um rastro de roupas sujas espalhadas pela casa, querer almoçar Doritos e jantar Pringles e, claro, sair pela rua afora com o cabelo parecendo um ninho de carcará.

Qualquer debate entre o lógico e o irracional — uma moda não só entre adolescentes — é inútil, eles acham que sempre têm razão e coitado de quem discordar. Não entendo por que os fabricantes do Rivotril ou do Lexotan não lançam um calmante específico para pais de teens. Ganhariam uma fortuna.

Até os dez anos do Martín eu era, ao menos para ele, um Luke Skywalker, aquele herói de *Guerra nas Estrelas*: capaz de resolver qualquer problema, de vencer todas as adversidades. Bons tempos. É claro que não tive a ingenuidade de imaginar que a farsa ia se manter para sempre. Sei que o adolescente precisa matar os pais — calma, leitor, é apenas simbolicamente — para poder amadurecer e seguir em frente. É a ordem natural das coisas. No entanto, imaginei, aí, sim, ingênuo, que ia mudar do Luke, o adorável herói, para outro personagem tão carismático quanto. Quem sabe o C-3PO? Aquele cativante e ranzinza robô dourado. Ou Darth Vader? Um vilão tenebroso, mas com algum charme e elegância.

Na, na, na.

Nada de C-3PO ou Darth Vader.

Virei o Homer Simpson mesmo.

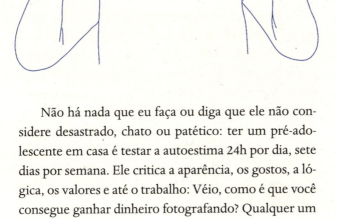

Não há nada que eu faça ou diga que ele não considere desastrado, chato ou patético: ter um pré-adolescente em casa é testar a autoestima 24h por dia, sete dias por semana. Ele critica a aparência, os gostos, a lógica, os valores e até o trabalho: Véio, como é que você consegue ganhar dinheiro fotografando? Qualquer um sabe tirar foto!

É preciso fair play. Muito fair play. Mas muito mesmo.

Você explica que picolé não é um café da manhã saudável: respostinha. Informa que jogar videogame o dia todo frita os miolos: respostinha. Avisa que se não estudar vai levar zero na prova: outra respostinha. Manda arrumar o quarto: aí não tem respostinha porque ele some antes.

Todo comentário dos pais é contestado ou ridicularizado, não de uma maneira espirituosa ou bem-humorada, o que seria ao menos divertido, mas com uma ironia capenga ou um sarcasmo tosco. Tão enervantes quanto cansativos. No entanto, aos olhos deles, são sacadas geniais, merecedoras de admiração e aplausos. E tome "véio, você isso", "mano, você aquilo".

Só me cabe aturar e torcer para passar logo. Se pré já é assim, nem quero imaginar o que vem por aí na adolescência. Vou precisar de muita paciência e sabedoria.

Mestre Yoda?

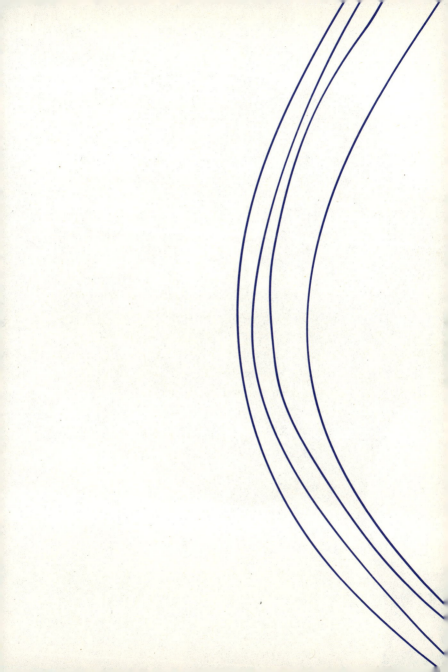

73.

No fim

As negociações para entrar na Coreia do Norte demoraram quase um ano. Das muitas aventuras que o trabalho me proporcionou, esta seria a maior: entrar no país mais fechado do mundo, que proíbe a entrada tanto de fotógrafos como de jornalistas. Seria uma chance única.

Para que ir? Para ver o que há por lá, porque é proibido, porque a curiosidade é grande, porque foi para isto que escolhi ser fotógrafo e jornalista: grandes histórias não caem no colo.

O Brasil abriu em 2009 uma embaixada em Pyongyang, e com esse gesto de boa vontade surgiu uma oportunidade. Depois de muito esforço diplomático, ia desvendar um grande mistério, lá do outro lado do mundo.

Martín tinha oito meses, e isso me fez pensar muito sobre ir ou não ir. Por trabalho eu já tinha feito algumas viagens arriscadas: campos de refugiados, países em guerra civil, nações banidas. Mas, depois do nascimento dele, tudo mudou: uma criança pede cuidado e responsabilidade, o pai tem a obrigação de zelar pelo filho, para sempre. Ao mesmo tempo, era uma chance de descobrir um lugar praticamente desconhecido.

Decidi ir, para poder voltar com grandes imagens e grandes histórias. Seria uma façanha que faria o Martín admirar o pai, senão agora, ao menos no futuro.

É uma questão que aparece quando se tem filhos: o que você vai deixar para eles? Não no sentido material, dinheiro, heranças, essas coisas, mas algo muito mais importante, os exemplos e lembranças que os ajudarão a enfrentar suas próprias dificuldades.

Foram quase trinta horas de viagem, meia volta à Terra. Pyongyang fica exatamente do outro lado do mundo. Logo vi que ia ser bem mais difícil do que pensava: as autoridades norte-coreanas confiscaram o meu celular e fiquei sem nenhum contato com o exterior.

Como se não bastasse, os gastos inesperados e a inutilidade dos cartões de crédito me fizeram contar os centavos. Mal dava para pagar a comida. Tudo era difícil e complicado, qualquer foto tinha que ser negociada, a vigilância era absurda e constante, foram as duas semanas com as piores dificuldades que já tinha passado. Nos primeiros dias, só pensava em voltar, estava arrependido e não via nenhum sentido naquilo que estava passando. Para quê? Só pensava no Martín e se realmente valia a pena, se a experiência ia mesmo me tornar um profissional melhor, um pai melhor.

Até que, no penúltimo dia de viagem, fui a um palácio que fica nas montanhas Myohyang, ao norte da capital. É uma construção imensa, isolada, dentro de uma reserva florestal. É ali que estão guardados os presentes e as homenagens mais importantes que o chamado grande líder, Kim-Il-Sung, recebeu. Estrangeiros normalmente não passam da porta, mas, como eu tinha vindo de tão longe, me autorizaram a fazer uma visita rápida ao pavilhão da América. Sem tirar nenhuma foto e com o tempo contado.

Percorri apressadamente os salões, conferindo os objetos e obras de arte. Quando estava saindo do último salão, tive uma sensação estranha. Havia algo ali que me era familiar. Muito familiar. Olhei de novo e na parede estava um quadro do meu pai.

Papai.

Nem eu mesmo achei que era verdade. Até os oficiais norte-coreanos se comoveram com a coincidência e me permitiram uma foto, para que ao menos pudesse contar o que tinha acontecido sem passar por mentiroso ou lunático.

Ainda hoje tento encontrar o significado da coincidência. Talvez tenha sido só isso, uma incrível coincidência.

Talvez, encontrar o seu quadro do outro lado do mundo tenha sido a resposta que ele me deu, ao seu modo, sobre o que é ser pai: deixar aos filhos a sensação de que nunca estarão sozinhos, de que sempre, de alguma maneira, estaremos presentes. Ali, no lugar mais distante e improvável, ele me deu a mão. Mostrou que, por pior que fosse a situação, tudo ia terminar bem.

Ele estava lá.

Hoje, dez anos depois, o meu sonho é continuar sempre ao lado do Martín, por onde ele for, como o avô dele ainda está ao meu. Quando eu não estiver mais aqui, quando me tornar apenas uma memória, que ele possa encontrar o meu amor aqui ou do outro lado do mundo, numa fotografia antiga, num recorte amarelado de jornal ou nas páginas deste livro.

Agradecimentos

À minha família, pelo apoio. A Agostinho Vieira e Ruth de Aquino, pelas oportunidades. A Gabriela Goulart e Fátima Sá, pela paciência. A Mário Magalhães, pelas orientações. À Cora Rónai, pela generosidade. A todos que, de uma maneira ou de outra, mostraram que podia dar certo.

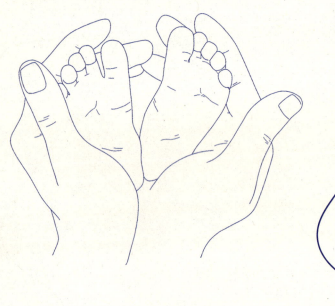

Sobre o autor

Leo Aversa é fotógrafo profissional desde 1988, tendo ganhado alguns prêmios e perdido vários outros. É formado em Jornalismo pela ECO/UFRJ, mas não faz ideia de onde guardou o diploma. Sua especialidade na fotografia é o retrato, em que pode exercer seu particular talento como domador de leões e encantador de serpentes. Também gosta de fotografia de viagem, especialmente de lugares singulares e perigosos, como Irã, Somália, Coreia do Norte e Beto Carrero World.

Começou a escrever profissionalmente em 2015, no site do Projeto Colabora, e depois, em 2018, passou a assinar uma coluna no jornal *O Globo*. Escreve sobre assuntos que vão desde raquetes elétricas até absurdos do governo de plantão, passando sempre pelo pipoqueiro da esquina. É tricolor, hipocondríaco e, acima de tudo, pai do Martín.

1ª edição   JULHO DE 2021
impressão   GEOGRÁFICA
papel de miolo   UPM CREAMY 60G/M²
tipografia   DANTE MT